KB196432

SUCCESSFUL
CEO'S
STORY

성공을 부르는
CEO 이야기

강경래 지음

답

CONTENTS

CONTENTS

작가의 말

"이재용 회장, 정의선 회장, 최태원 회장"

아마도 우리나라 최고경영자(CEO)를 떠올려보
라고 하면 열이면 아홉은 이같이 답할 것입니다.
하지만 필자는 다릅니다. 주성엔지니어링 황철주
회장, 디엠에스 박용석 회장, 다산네트웍스 남민
우 회장 등이 먼저 떠오릅니다.

이 글을 쓰고 있는 현재 필자는 만 20년 8개월째 기
자생활을 진행 중입니다. 다른 기자들과 다른 점이
있다면 필자는 그동안 전국 각지를 다니며 1,400
여 개의 기업을 탐방했다는 것입니다. 이들 기업
중 700여 명의 CEO와 인터뷰했으며, 그 결과 현재
까지도 60여 명 CEO와 네트워킹을 이어갑니다.

필자는 앞서 2021년 첫 저서 '주식투자에 꼭 필요한 산업 이야기'를 출간했습니다. 이는 반도체와 바이오, 이차전지, 디스플레이 등 우리나라를 대표하는 산업을 아주 쉽게 설명한 책이었습니다. 특히 반도체 산업을 다룬 내용은 전 세계 어디에 내놓아도 이보다 쉽게 설명한 책은 없을 것이라고 자부합니다.

반응도 꽤 괜찮았습니다. 출간한 지 3년이 지난 지금까지도 네이버, 다음 등 포털에 검색해보면 '주식투자에 꼭 필요한 산업 이야기'를 읽고 반도체와 바이오, 이차전지 등을 투자하는 데 도움을 받았다는 후기가 올라옵니다. 요즘은 통상 1,000권 이상만 팔려도 선방이라는 말이 나오는데, 3쇄를 찍는 동안 누적 판매량 역시 5,000여 권에 달합니다. 주식투자가 대중화되는 시점에 독자들에게 도움이 될 수 있어서 큰 보람을 느꼈습니다.

성공을 부르는 CEO 이야기

다만 아쉬움도 있습니다. '주식투자에 꼭 필요한 산업 이야기'에는 반도체와 바이오, 이차전지 등 각 산업을 쉽게 설명하면서 코스피, 코스닥 시장에 상장한 300여 개 기업을 두루뭉술하게 다뤘습니다. 이들 기업을 조금 더 깊이 있게 설명했으면 어땠을까 하는 아쉬움이 남았습니다.

필자는 이번 '성공을 부르는 CEO 이야기'가 이러한 아쉬움을 해결해줄 책이라고 믿습니다. 지난 20년 8개월 동안 현장에서 만난 CEO 중에서도 가장 감흥을 받은 이들만 이 책에 다뤘습니다. 독자분들은 이들 CEO가 경영하는 기업이라면 어느 정도 성장성과 영속성이 있다고 보시면 됩니다.

필자가 가장 우려하는 부분은 이 책을 읽은 뒤 "26명 CEO들 내용 모두 비슷한데?"라는 반응입니다. 사실 '주식투자에 꼭 필요한 산업 이야기' 역시 "초급에 권함, 중급 이상 보지 마세요." 등의 반응이 적지 않았습니다.

하지만 이는 반대로 성공한 이들이 가진 공통점을 찾아보는 재미가 될 수 있습니다.

아무쪼록 '성공을 부르는 CEO 이야기'가 창업을 염두에 두신 분들. 그리고 창업한 지 얼마지 않아 경영의 노하우가 필요하신 기업 CEO분들과 국내 상장사 투자에 관심 있는 독자들에게 있어 필독서가 되길 바랍니다.

끝으로 '성공을 부르는 CEO 이야기'라는 제목을 정해준, 영원한 나의 '첫 번째 독자'인 아내. 정현정 님에게 이 책을 바칩니다.

강경래 드림

"

지구를 살리는 친환경에너지로 100년 기업을 꿈꿉니다.

"

신성이엔지
이완근 회장

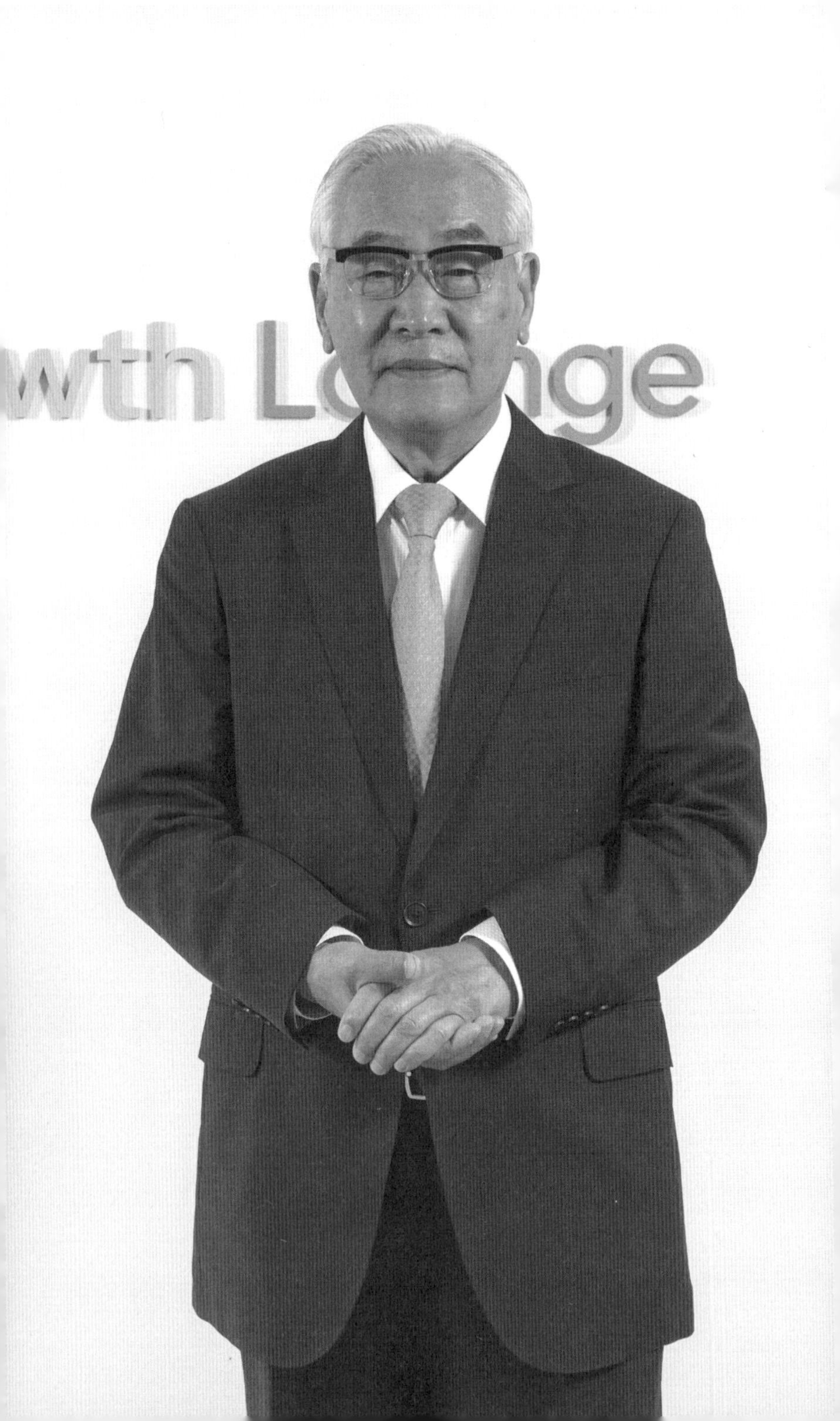

'48년 공조산업 외길'

"지구를 살리는 친환경에너지로 100년 기업을 꿈꿉니다."

국내 대표 공조기업인 신성이엔지 이완근 회장이 친환경에너지 기업으로의 도약을 선언했다. 이 회장이 1977년 창업한 이후 반도체·디스플레이 클린룸 장비와 공조장비 분야에서 독보적인 기술력을 갖춘 신성이엔지는 태양광 사업 진출을 통해 글로벌 친환경 기업으로 거듭나고 있다.

성균관대 교육학과를 졸업한 이 회장은 원래 교사가 꿈이었다. 하지만 교직 발령이 좌절되면서 진로를 변경해야만 했다. 처음에는 에어컨 영업사원으로 사회생활을 시작했다. 이후 기계설비와 기술연구 등 다양한 분야에서 경험을 쌓았다.

이 회장은 이 시절에 대해 "처음에는 영업이 힘들었지만, 제품에 관해 깊이 공부하고 연구하다 보니 자연스럽게 실력이 늘었다"라며 "이때 경험이 창업하는데 밑거름이 됐다"라고 회고했다.

신성이엔지는 지난 1977년 서울 종로 작은 사무실에서 이 회장을 비롯한 4명으로 시작한 신성기업사가 모태다. 지금은 500여 명 임직원을 둔 6,000억 원 규모 중견기업으로 성장했다. 창업 초기에는 냉동기 수리와 함께 에어컨 설치를 주 업무로 했다.

특히 이 회장은 우리나라에서 컴퓨터 도입이 빠르게 늘어나는 시기에 발맞춰 전산실용 항온항습기를 선보이며 첫 성공을 일궜다. 이어 제약회사, 조선소용 제습기를 국산화하는 등 틈새시장을 개척해갔다.

이 회장은 "국민의 일상적인 필수품을 수입에만 의존한다면 국가 경제와 기업의 체질 개선은 영원히 기대할 수 없다"라며 이후에도 다양한 제품을 국산화하는 데 힘썼다.

신성이엔지는 1980년대 우리나라에서도 반도체 산업이 성장하면서 클린룸 장비 분야에 진출했다. 클린룸은 반도체를 만드는 청정공간을 말한다. 삼성전자와 현대전자 등 주요 반도체 기업들에 클린룸 장비를 납품하며 급성장했다.

특히 신성이엔지는 1985년에 기술연구소를 설립한 뒤 연구·개발(R&D) 투자에도 나섰다. 기술연구소를 중심으로 1991년에는 국내 최초로 클린룸 핵심 장비인 '팬필터유닛'(FFU)을 국산화하는 데 성공했다. 팬필터유닛은 반도체·디스플레이 클린룸에 들어가 미세먼지를 제거하는 산업용 공기청정기 일종이다.

이 회장에 있어 지난 1997년 불어 닥친 외환위기
(IMF)는 큰 시련이었다. 하지만 이 시기에 사업 재
정비와 함께 차세대 제품 연구·개발 강화 등을 추
진하며 4년 만에 외환위기 이전 매출액을 회복할
수 있었다.

이후 2001년에는 전문경영인체제로 전환하며 선
진경영시스템을 도입하기도 했다. 이 회장은 "돌
아보면 위기는 새로운 도약을 위한 기회였다"라며
"어려움을 극복하는 과정에서 더욱 탄탄한 기업으
로 성장할 수 있었다"라고 회고했다.

창립 30주년이던 지난 2007년에는 태양광 진출을
선언했다. 이 회장은 "태양광은 지구 환경을 살리
는 일이자 미래 에너지원"이라며 과감한 투자를 단
행했다. 충북 증평에 국내 최대 규모 태양전지 공
장을 건설했다. 현재는 전북 김제에 연간 600메가
와트(MW) 규모 태양광 모듈 공장을 운영 중이다.

한때 중국 저가공세로 어려움을 겪었지만 품질 경쟁력을 바탕으로 현재까지도 국내외 유수 기업들과 태양광 모듈 등을 거래하고 있다. 이를 통해 국내 1세대 태양광 기업으로서 우리나라 탄소중립에 앞장서고 있다. 이 회장은 2015년부터 6년 동안 한국태양광산업협회 회장을 역임하면서 태양광 산업 성장과 함께 제도 마련에 전력을 다하기도 했다.

최근에는 인공지능(AI) 기반 공조사업 강화를 위해 증평에 국내 최대 'AI AIR 솔루션센터'를 준공했다. 이 회장은 AI AIR 솔루션센터 준공식에서 "공조산업의 디지털 전환을 선도하며 100년 기업으로 도약하겠다"라는 포부를 밝혔다. 특히 이차전지 드라이룸 장비 등 첨단 산업용 공조장비 시장을 선도하며 신성장동력을 확보하고 있다.

창업 이후 48년간 공조산업이라는 한길을 걸어온 이 회장의 경영철학은 '기술 자립'과 '인재 육성'이다. 이 회장은 "우리가 사용하는 것은 반드시 우리 손으로 만들어야 한다"라는 신념으로 끊임없는 연구·개발에 매진한다. 아울러 직원들의 자기 개발을 적극 지원하며 전문성을 키워왔다.

최근에는 성균관대와 산학협력을 통해 'AI 솔루션 연구센터'를 설립해 미래 인재 양성에도 힘쓰고 있다. 비록 교육자의 꿈은 접었지만, 이 회장의 교육

에 대한 열정은 계속 이어진다. 모교인 성남중·고 등학교 재단 이사장을 맡아 혁신적인 교육 개혁을 이뤄냈다. 성균관대에 본인의 호를 딴 '석담장학 금'을 마련해 후학 양성을 지원하기도 한다.

나아가 태양광발전소 수익금을 회사 임직원 자녀 대학등록금으로 지원하는 등 '교육을 통한 인재 육 성이 우리나라 발전의 핵심'이라는 신념으로 교육 분야 사회공헌에도 앞장서고 있다.

신성이엔지는 지난 2023년 과천 신사옥 시대를 연 뒤 연구·개발 중심의 글로벌 친환경 기업으로 새로 운 도약을 준비 중이다. 이 회장은 "친환경 기술로 지구를 살리고 미래 세대에 더 나은 환경을 물려주 는 것이 우리의 사명"이라며 100년 기업의 비전을 강조했다.

그는 '기술과 도전'을 강조하며 "핵심 기술 없이는

생존할 수 없다. 끊임없는 연구·개발만이 글로벌 경쟁에서 살아남을 수 있는 유일한 길"이라고 밝혔다. 이어 "임직원들과 함께 성장하며 사회에 기여하는 기업이 될 것"이라고 말했다.

아울러 "단순한 이익 추구가 아닌, 지구와 미래 세대를 위한 가치 창출이 우리의 사명"이라고 강조했다. 48년간 한결같이 지켜온 이 회장의 신념이 오늘날 신성이엔지를 있게 한 원동력이다.

"

100년 기업을 목표로 전 세계 각지에 진출할 계획입니다.

"

자코모
박경분 부회장

'100년 기업 꿈꾸는 소파 브랜드'

"100년 기업을 목표로
전 세계 각지에 진출할 계획입니다."

국내 소파 브랜드 1위 자코모 박경분 부회장이 글
로벌 소파 브랜드로 거듭나기 위한 도약에 나섰다.
2024년 5월 일본 도쿄에 첫 해외 매장을 개점한 데
이어 동남아 등에 추가로 거점을 운영한다는 계획
을 세운 것이다. 박 부회장은 "해외 시장에서도 품
질에서 손색이 없다는 확신으로 그동안 글로벌 시
장 진출을 준비해왔다"라고 말했다.

박 부회장이 남편인 박재식 회장과 지난 1986년
공동 창업한 자코모(재경가구)는 국내 소파 시장
1위 자리를 이어간다. 자코모는 오랜 기간 브랜드

모델을 맡은 배우 이서진 영향으로 한동안 '이서진 소파'로 불렸다. 2023년 이후 배우 현빈이 바통을 이어받았다.

박 부회장이 창업을 결심한 것은 중학교 때였다. 그는 "타월 업체를 운영하는 형부를 따라 공장에 가서 수건을 접는 아르바이트를 했다. 이 과정에서 자연스럽게 창업의 꿈을 키울 수 있었다"라고 말했다.

박 부회장은 고등학교를 졸업한 뒤 무역회사에서 일하며 창업을 위한 자금을 차근차근 모았다. 이 과정에서 남편인 박 회장이 소파업체 영업부장으로 근무하며 창업 아이템 역시 확보할 수 있었다.

박 부회장은 창업에 있어 쉬운 방법이 아닌 어려운 길을 택했다. 창업을 준비하던 당시 소파 등 가구 사업을 운영하기 위해서는 서울에서 임대로 공장을 얻는 방법이 일반적이었다. 하지만 그는 과감

성공을 부르는 CEO 이야기

히 서울을 벗어나 남양주에 있는 돼지축사를 인수
한 뒤 소파 공장으로 탈바꿈시켰다. 그는 "먼 미래
를 내다보며 임대가 아닌 자체 공장을 선택했다"
라고 말했다.

경기 남양주에 터를 잡은 박 부회장은 지난 1988
년 출근하는 길에 라디오 방송을 통해 유한양행이
우리나라 최초로 주5일 근무제를 도입했다는 보
도를 접했다. 회사로 출근한 그는 곧바로 직원들을
불러 모아 논의했으며, 그 결과 유한양행에 이어
두 번째로 주5일 근무제를 시행했다. 이후 직원 이
직률이 떨어지고 생산성은 올라갔다. 인재 확보 역
시 수월했다.

박 부회장이 주5일 근무제 등 앞선 복리후생을 선도
적으로 도입하며 성장 궤도에 진입한 자코모에게
있어 1997년 불어 닥친 외환위기(IMF)는 위기이
자 기회였다. 당시 소파를 더욱 저렴하게 만들기 위

해 중국 칭다오에 공장을 마련했다. 하지만 중국 공장에서 들여오는 소파는 늘 품질 이슈가 뒤따랐다.

박 부회장은 "품질 문제가 이어지면서 손해를 감수하고 중국 공장을 과감히 접었다"라며 "대신 품질과 함께 디자인 경쟁력을 끌어올려야 한다고 판단한 뒤 디자인 선진국인 이탈리아에 진출했다"라고 말했다.

자코모는 국내 업계 최초로 지난 2000년 이탈리아 밀라노에 디자인연구소를 마련했다. 아울러 100년 전통 소파업체인 이탈리아 아빌라와 기술 제휴 계약을 맺었다. 박 부회장은 "통상 가구공장에 가면 접착제로 인해 자극적인 냄새와 함께 눈이 따가운데, 아빌라 공장에 가보니 향기가 났다"라며 "소나무 송진 등 친환경 소재로 접착제를 만들기 때문"이라고 말했다.

성공을 부르는 CEO 이야기

이탈리아 현지에서 '신선한 충격'을 받은 박 부회장은 접착제와 밴드, 목재 등 원재료를 유럽 등 선진 시장에서 전량 도입하기로 결정했다. 아울러 품질 유지를 위해 소파를 완성하는 작업은 중국 등 해외가 아닌 남양주 본사에서만 진행했다.

이후 자코모 소파는 '품질이 좋다'는 입소문이 나면서 매년 판매량이 꾸준히 증가했다. 자코모 직영

매장은 남양주 본사와 함께 일산과 용인, 양산 등 전국 각지로 늘어났다. 자코모 소파는 현재 현대 백화점과 신세계백화점, 롯데백화점 등 전국 30여 개 백화점에 입점했다. 자코모 매출액은 계열사를 포함해 2,700억 원에 달한다.

박 부회장은 '100년 기업'을 강조한다. 이를 위해 인재가 필요하다고 판단하고 지난 2021년 남양주 본사에 '자코모 소파 아카데미'를 만들었다. 교육은 이론·실기교육 3개월, 현장실습 3개월 등 총 6개월 과정으로 진행한다. △목공 △재단 △재봉 △성형 △조립 등 소파를 만드는 전 과정을 배운다.

특히 교육생은 훈련비로 이론·실기교육 3개월 동안 180만 원, 현장실습 3개월 동안 220만 원 등 6개월 교육 기간 동안 월평균 200만 원을 받을 수 있다. 아울러 교육과정 이수 후 소파 전문가 자격증 취득과 함께 자코모에 정식 직원으로 입사할 수 있다. 가구 관련 자격증 소지자뿐 아니라 자격증 미보유자 역시 수강 신청이 가능하다.

박 부회장은 "자코모 소파 아카데미를 거쳐 입사하는 소파 기능사들에 '고객의 행복한 공간을 디자인하는 코디네이터'라고 강조한다"라며 "이러한 인재들과 함께 100년 기업으로 성장하는 과정을 함께 할 것"이라고 말했다.

"
자율주행 반도체 분야에서 글로벌 회사로 성장할 것입니다.
"

넥스트칩
김경수 대표

'자율주행 반도체 글로벌 도약'

"자율주행 반도체 분야에서 글로벌 회사로 성장할 것입니다."

김경수 넥스트칩 대표는 자율주행 반도체 브랜드 'APACHE' 제품군에 주력한다. 특히 2024년 출시한 'APACHE 6'을 국내외 유수 완성차 업체와 함께 자동차 전장회사들에 공급하기 위해 준비 중이다.

넥스트칩은 팹리스(Fabless) 업체다. 팹리스는 반도체 개발만을 전문으로 하고 생산은 외주에 맡기는 형태로 사업을 운영한다. 전 세계 인공지능(AI) 반도체 시장을 장악한 미국 엔비디아가 대표적이다. 팹리스 기업들은 삼성파운드리, 대만 TSMC 등 파운드리 업체들에 반도체 제품 생산을 맡긴다.

넥스트칩은 경기 판교테크노밸리에 본사가 있다.

넥스트칩은 앤씨앤에서 자동차용 반도체 사업이 물적 분할한 뒤 지난 2019년 설립됐다. 특히 김 대표는 넥스트칩을 지난 2022년 코스닥 시장에 상장시키면서 앤씨앤에 이어 넥스트칩까지 두 번의 기업공개(IPO)를 일군 기업가가 됐다.

김 대표는 서강대 전자공학과를 졸업한 뒤 대우통신 등을 거쳐 지난 1997년 앤씨앤을 창업했다. 앤씨앤은 CCTV 카메라와 영상저장장치(DVR) 등 보안용 반도체 분야에서 두각을 보이며 창립 10주년인 2007년 코스닥 시장에 상장했다. 현재는 블랙박스, 안전운전(사고예방) 시스템 등에 주력한다.

앤씨앤을 이끌던 김 대표는 자동차가 머지않아 자율주행차로 진화할 것을 예상하고 보안용 반도체에 이어 2012년 자동차용 반도체 사업에 착수했다. 그는 "보안용 반도체 기술을 전·후방 카메라 등 차량용 영상인 식 분야에도 적용할 수 있다고 판단했다"라고 말했다. 앤씨앤에서 넥스트칩으로 이어지는 오랜 연구· 개발(R&D) 과정을 거쳐 △영상신호를 처리하는 'ISP'(Image Signal Processor) △영상신호를 전송하 는 'AHD'(Analog High Definition) △자율주행에 있어 두뇌 역할을 하는 첨단운전보조시스템(ADAS) 온디바이스 AI 'AP'(Application Processor) 등 다 양한 차량용 반도체 제품군을 확보할 수 있었다.

넥스트칩은 이 중 ISP를 현대자동차·기아를 비롯해 중국 비야디(BYD) 등 국내외 유수 완성차와 전장업체들에 공급한다. 현재 넥스트칩 매출액 중 ISP가 차지하는 비중은 80%에 달한다. 김 대표는 이미 어느 정도 자리를 잡은 ISP 사업에 이어 자율주행 핵심 반도체인 ADAS AP 사업에 매진한다.

그는 "ADAS AP 제품은 기술적인 난이도와 투자 규모가 ISP, AHD 등 다른 반도체 제품들과는 차원이 다르다"라며 "매년 연구·개발(R&D)에 200억 원 정도 투입하는데 대부분 ADAS AP 브랜드인 'APACHE' 제품군에 들어간다"라고 말했다.

그 결과, 넥스트칩은 현재까지 'APACHE 4', 'APACHE 5', 'APACHE 6' 등 ADAS AP 제품군 3종을 확보했다. 이 중 'APACHE 6'은 신경망처리장치(NPU), 그래픽처리장치(GPU)를 내장해 자율주행에 있어 두뇌 역할을 수행할 수 있다.

성공을 부르는 CEO 이야기

김 대표는 "오랜 기간 공을 들인 끝에 'APACHE 6' 제품이 2025년을 기점으로 국내외 시장에 활발히 공급될 것"이라고 자신감을 드러냈다. 이어 "2024년에는 ISP 납품 물량이 늘어나면서 2023년 162억 원과 비교해 2배 이상 늘어난 실적을 예상한다"라며 "2025년부터 'APACHE 6' 공급을 본격화하고 2026년에는 이익을 실현해 연간 흑자를 달성한다는 목표"라고 덧붙였다.

김 대표는 보안, 자동차에 이어 로봇 등 다양한 산업 분야로 반도체 적용 범위를 확장할 계획이다. 우선 로봇 분야에서 2025년부터 성과를 낸다는 방침이다.

그는 "다른 산업보다 빠르게 매출에 기여할 수 있는 분야가 로봇"이라며 "자율주행·AI 기술은 자동차와 로봇이 80% 이상 같기 때문에 자동차용 반도체를 로봇에 거의 그대로 적용할 수 있다"라고 말했다.

한국팹리스산업협회 회장을 역임 중인 김 대표는 우리나라 팹리스 산업 발전을 위한 조언도 아끼지 않았다. 지난 2022년 출범한 한국팹리스산업협회는 현재 텔레칩스와 픽셀플러스, 동운아나텍 등 140여개 회원사가 활동 중이다. 김 대표는 2026년 3월까지 한국팹리스산업협회 회장으로 활동한다.

김 대표는 "우리나라 팹리스 업체들이 미국 엔비디아, 퀄컴 등 글로벌 팹리스 업체들과 경쟁하기 위해서는 인수·합병(M&A)을 통해 규모의 경제를 이룰 필요가 있다"라며 "여기에 팹리스 업계에 우수한 인력이 유입될 수 있도록 정부와 지방자치단체 등이 관심을 가질 필요가 있다"라고 말했다.

"
인터넷 장비에 이어 자동차 통신 분야에서 선도회사로 성장할 것입니다.

"

다산네트웍스
남민우 회장

'영원한 벤처기업가'

"인터넷 장비에 이어 자동차 통신 분야에서
선도회사로 성장할 것입니다."

다산네트웍스 남민우 회장은 인터넷 장비에서 축
적해온 통신기술을 자동차 전장 분야로 확대할 계
획이라고 밝혔다. 남 회장은 국내 대표적인 벤처기
업가다.

지난 1993년 다산네트웍스(옛 다산기연)를 창업
한 남 회장은 현재 △네트워크 △제조 △벤처 등 3
개 사업 분야에 총 17개 계열사를 두고 있다. 주요
계열사로는 코스닥 상장사인 다산네트웍스와 다
산솔루에타, 엔지스테크널러지 등이다. 아울러 디
엠씨(자동차부품)와 디티에스(열교환기), 다산에

이지(반도체부품) 등 제조 계열사를 두고 있다. 이외에 한국전자투표(전자투표)와 다산카이스(사물인터넷), 휘게라이프(화장품), 스타콜라보(패션) 등 벤처 계열사를 육성 중이다. 다산그룹 전체 매출액은 8,000억 원 규모다.

남 회장은 창업 후 30여 년을 돌아보면 △외환위기(1997년) △벤처 버블 붕괴(2001년) △사업 지속성 위기(2004년) △금융위기(2008년) 등 총 네 차례 위기가 있었다고 말한다. 그는 이러한 위기와 함께 이를 극복한 과정을 '4전5기'라고 표현한다.

창업 초기 미국 실리콘밸리 업체들로부터 소프트웨어 등을 수입해 국내에 공급하던 남 회장에게 1997년 불어 닥친 외환위기는 위기이자 기회였다. 회사를 살리기 위해 실리콘밸리로 넘어가 거래처와 협상을 통해 대금 지급 기일을 가까스로 연장했다. 남 회장은 "당시 미국에 머무는 동안 실리콘

성공을 부르는 CEO 이야기

밸리를 중심으로 인터넷 시대가 열리고 있음을 알
수 있었다"라고 말했다.

미국에서 돌아온 남 회장은 곧바로 인터넷 장비 사
업에 착수했다. 그 결과 다산네트웍스는 이더넷 스
위치와 광통신 장비 등을 국산화하며 빠르게 성장
했다. 2000년에는 코스닥 시장에도 상장했다.

2008년 금융위기도 또 하나의 전환점이 됐다. 남
회장은 "미국 리먼 브러더스 파산으로 촉발한 금
융위기 당시 전 직원 30%가량의 유급휴가를 실시
하는 등 방법을 통해 위기를 무사히 넘길 수 있었
다"라고 당시 상황을 돌이켰다.

금융위기 이듬해 인터넷 장비 시장 호황이 찾아오
면서 회사가 어느 정도 재무적인 안정을 찾을 수 있
었다. 2010년에는 매출액 1,939억 원에 영업이익
240억 원이라는 기록적인 실적을 올리기도 했다.

남 회장은 "여러 차례 어려움을 극복한 뒤 안정적인 성장을 위해 사업의 다각화가 필요하다고 판단했다"라고 말했다.

이 같은 판단에 2012년 자동차 부품을 생산하는 디엠씨 인수를 시작으로 다산솔루에타, 디티에스 등을 잇달아 계열사로 편입시켰다. 특히 2017년에는 미국 인터넷 장비 3위 업체인 존테크놀로지(현 DZS)를 인수하며 업계 주목을 받았다.

이러한 사업다각화 노력은 '코로나 팬데믹' 상황에서 위력을 발휘했다. 남 회장은 "코로나 팬데믹이 이어진 3년 동안 인터넷 장비 사업은 저조했던 반면 자동차 부품과 소재, 플랜트 사업이 호조를 보이면서 그룹 차원에서 큰 어려움이 없었다"라고 밝혔다.

앞으로의 사업은 자동차 전장에 무게 중심을 둘 계획이다. 실제로 다산네트웍스는 현대모비스

와 자동차 통신 통합 제어장치인 'CCU'(Central Communication Unit) 이더넷, HD현대인프라코어와 중장비 유무선 통신 제어장치인 'TGU'(Telematics Gateway Unit) 개발 등 자동차 전장 관련 다양한 프로젝트를 진행 중이다.

 남 회장은 "인터넷 시장은 사무실에서 가정, 스마

트폰에 이어 최근 자동차 분야로 확장하는 중"이라며 "인터넷 등 통신을 비롯해 부품, 소재 등 자동차 전장 사업을 강화해갈 것"이라고 강조했다.

한국청년기업가정신재단 이사장을 역임한 남 회장은 청년 창업을 독려하는 한편, 후배 벤처 기업가들에 멘토 역할을 하고 있다. 그는 "앞으로도 기회를 찾아 누구보다 먼저 도전하고 끊임없이 혁신해 무에서 유를 창조하는 영원한 벤처기업가가 될 것"이라고 덧붙였다.

성공을 부르는 CEO 이야기

"
디스플레이 장비에 이어 헬스케어, 친환경에너지 분야를 주목하고 있습니다.
"

디엠에스
박용석 회장

'디스플레이 1세대 엔지니어'
"디스플레이 장비에 이어 헬스케어,
친환경에너지 분야를 주목하고 있습니다."

박용석 디엠에스 회장은 "피부미용 의료기기 계열사 비올이 매년 사상 최대 실적을 이어가는 등 헬스케어 부문이 호조를 보인다. 친환경에너지 부문과 관련해 풍력발전에서 성과를 기대한다"라며 이같이 밝혔다.

박 회장은 우리나라 디스플레이 1세대 엔지니어 출신이다. 경북 경산 출신인 그는 경북대에서 물리학 학사, 반도체공학 석사 과정을 마쳤다. 1984년 LG에 입사해 LG전자 중앙연구소 연구원, LG디스플레이 공정기술팀장 등을 거치며 디스플레이 연구·개발(R&D)이라는 한 우물을 팠다.

박 회장과 함께 수십 년간 연구·개발에 몰두한 연구진의 땀과 눈물은 현재 LG디스플레이가 글로벌 디스플레이 회사로 성장하는데 밑거름이 됐다. 그러던 그는 독자적인 기술로 디스플레이 장비를 만들어보겠다는 일념으로 LG를 나와 지난 1999년 디엠에스를 창업했다.

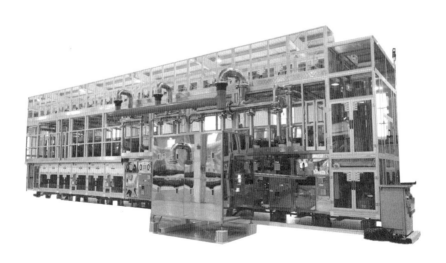

오랜 기간 디스플레이를 연구해온 박 회장을 주축으로 디엠에스는 설립 이듬해인 2000년 업계 최초로 자외선을 이용해 액정표시장치(LCD) 유리기판 위 유기물을 제거하는 자외선 세정장비를 선보이며 주목받았다.

이어 △세정장비 △식각장비 △현상장비 △박리장비 등 디스플레이 습식공정에 들어가는 장비 풀라인업을 빠르게 구축할 수 있었다. 습식공정은 액상화학약품을 다루는 과정을 말한다. 거래처 역시 LG디스플레이에 이어 중국 비오이(BOE)와 차이나스타(CSOT), 티엔마 등으로 빠르게 확대해 갔다. 그 결과, 박 회장이 창업한 지 5년 만인 지난 2004년 코스닥 시장에 상장할 수 있었다.

박 회장은 "세정장비 등 장비를 일본 등 해외 경쟁사 장비와 비교해 3분의 1 수준으로 작게 만든 '고집적' 방식을 적용한 것이 국내외 시장에서 점유율을 빠르게 높일 수 있었던 이유"라고 말했다. 실제로 디엠에스는 세정장비와 현상장비 등 디스플레이 습식 공정장비에서 2022년 기준 전 세계 시장점유율 49%로 1위 자리에 올라 있다.

박 회장은 LCD에 이어 유기발광다이오드(OLED) 분야로 디스플레이 장비 적용 범위를 확대했다. OLED는 별도 광원이 필요 없으며 여기에 휘어지는 특성까지 있어 차세대 디스플레이로 주목받는다. LCD 장비에 이어 OLED 장비에서 성과가 이어지면서 디엠에스는 2022년 기준 매출액 3,170억 원을 기록하며 실적이 사상 처음 3,000억 원을 돌파했다.

글로벌 디스플레이 장비 시장에서 어느 정도 입지를 구축한 박 회장은 신수종사업으로 헬스케어와 친환경에너지 분야로 눈을 돌렸다. 박 회장은 "백세시대가 도래하면서 헬스케어 시장 역시 지속적으로 커질 것"이라며 "전 세계적인 환경·사회·지배구조(ESG) 트렌드와 함께 풍력 등 친환경에너지 역시 각광을 받는다"라고 말했다.

박 회장은 우선 헬스케어 부문에서 성과를 냈다. 특히 지난 2019년 비올을 인수한 것은 '신의 한수'로 통한다. 비올은 고주파 마이크로니들 방식으로 글로벌 피부미용 시장에서 주목을 받는다. 이전까지 피부미용 의료기기는 레이저와 초음파(하이푸) 방식이 주류였다. 이런 가운데 비올은 마이크로니들(미세바늘)을 이용한 고주파 방식으로 도전장을 내밀었다.

마이크로니들을 이용하면 피부 표피를 거쳐 진피에 고주파를 직접 적용할 수 있다. 특히 비올은 지름이 머리카락 두께인 300마이크로미터(μm, 100만분의 1m)에 불과한 마이크로니들을 이용해 통증 없이 피부 안에 고주파를 전달, 미세한 상처를

낸 뒤 자연적으로 치유하는 과정을 거쳐 피부 재생을 돕는 방식을 적용했다.

이러한 강점을 앞세워 비올은 2023년 기준 425억 원 매출액을 달성했다. 특히 영업이익 223억 원을 올리며 이익률이 53%에 달했다. 비올은 전 세계 80여 개국에 피부미용 의료기기를 수출한다. 매출액 중 수출이 차지하는 비중은 90% 이상이다. 비올은 디엠에스 최고재무책임자(CFO)를 역임한 이상진 대표가 이끌고 있다.

박 회장은 디엠에스와 비올 간의 시너지 효과도 기대한다. 그는 "디스플레이 장비와 마찬가지로 피부미용 의료기기 역시 장비 영역에 속한다"라며 "중장기적으로 디엠에스가 운영 중인 중국 웨이하이 제조사업장에서 디스플레이 장비에 이어 비올 피부미용 의료기기도 생산할 계획"이라고 말했다.

박 회장은 풍력발전 사업 역시 눈여겨보고 있다. 그는 "경북 김천 풍력발전소를 완공하면 25메가 와트(MW) 용량으로 김천 일대 1만여 가구에 전력을 공급할 수 있다"라고 말했다.

앞서 디엠에스는 전남 영광 하사리에 20MW 용량 풍력발전소인 '호남풍력발전'을 시공한 뒤 현재 가동 중이다. 아울러 한국전력공사와 공동으로 만든 200킬로와트(kW) 풍력발전기 상업화 역시 추진 중이다. 디엠에스는 200kW 풍력발전기 한국산업표준, 한국인정기구 인증을 받은 뒤 2025년 이후 국내 도서 지역 공급과 함께 동남아 지역 등에 수출할 계획이다.

박 회장은 "디스플레이 장비에서 확보한 기술력을 '올레도스'(OLEDoS), 반도체 장비 등 다른 분야에 확대 적용하는 중"이라며 "디스플레이 장비에 이어 헬스케어, 친환경에너지 등 다양한 사업 포트

폴리오를 갖추고 안정적인 실적 성장을 이어갈 수
있는 체제를 만들 것"이라고 덧붙였다.

성공을 부르는 CEO 이야기

"
하늘에서 땅,
바다 밑까지
우리 제품들을
공급합니다.
"

디케이락

노은식 회장

"하늘에서 땅, 바다 밑까지 우리 제품들을 공급합니다."

디케이락 노은식 회장은 "조선과 원전, 철강 등에 이어 최근에는 반도체와 항공, 수소자동차 등에도 피팅·밸브 제품들을 적용한다"라며 이같이 밝혔다. 경남 김해 골든루트일반산업단지에 본사를 둔 디케이락은 모든 산업에 필수적으로 들어가는 피팅·밸브 사업에 주력한다.

피팅(관이음쇠)은 배관을 수평 혹은 수직으로 연결하는 장치다. 밸브는 유체 양이나 압력, 흐름을 조절하고 여닫는 역할을 한다. 디케이락 피팅·밸브는 △조선 △해양플랜트 △원자력발전 △화력

발전 △수력발전 △압축천연가스 △수소자동차 △반도체 △항공 등 다양한 산업에 쓰인다. 그동안 만들어낸 피팅·밸브 제품은 2만 종 이상이다.

디케이락은 노 회장이 지난 1986년 창업한 대광닛불을 전신으로 한다. 이후 1988년 서울올림픽을 기점으로 우리나라 경제가 빠르게 발전하고 산업 전반에 걸쳐 피팅·밸브 수요가 늘어나면서 회사 실적이 증가 흐름을 이어갔다.

노 회장에게 지난 1997년 갑작스레 불어 닥친 외환위기(IMF)는 말 그대로 위기이자 기회였다. 당시 어느 정도 알려진 피팅·밸브 업체들이 재정난을 이기지 못하고 줄도산했다. 노 회장은 "그동안 안정적인 재무구조를 이어온 덕에 관련 사업에서 철수한 업체들로부터 피팅·밸브 장비를 저렴하게 도입할 수 있었다. 여기에 대기업들에 협력사로 잇달아 등록되는 성과도 있었다"라며 "이런 이유로

1997년 외환위기 당시 30억 원에 불과했던 매출액은 외환위기 이후 100억 원 이상으로 늘어났다"라고 말했다.

노 회장은 내수 시장을 중심으로 어느 정도 기반을 잡은 뒤 해외 시장 공략에 나섰다. 그는 "내수 시장에 머무르면 결국, 대기업에 종속될 수밖에 없다"라며 "내 상표, 내 시장을 가져야 한다는 각오로 해외 수출 비중을 강화하는 데 총력을 기울였다"라

고 말했다.

이를 위해 그동안 철로 만들었던 피팅·밸브 제품을 고압·고열 등에도 잘 견디는 스테인리스 소재로 바꾸는 등 부가가치를 높이는 작업에 착수했다. 그 결과, 디케이락은 지난 2000년부터 피팅·밸브 제품들을 해외 시장에 수출할 수 있었다.

노 회장은 해외 시장 공략을 한층 강화하기 위해 수출에 필요한 각종 인증을 확보하는 한편, 수출 매니저가 거래처로부터 들어온 상품 혹은 기술 질의사항에 대해 24시간 내 응답하는 시스템 등을 구축했다. 디케이락은 현재 북미와 유럽, 중동, 아시아 등 전 세계 총 47개국에 117개 대리점을 운영하며 현지 밀착 서비스를 진행 중이다.

이 과정에서 글로벌 거래처들도 확보할 수 있었다. 세계 최대 석유회사 엑손모빌을 비롯해 마라톤 페

성공을 부르는 CEO 이야기

트롤리움 등에 피팅·밸브 제품을 공급할 정도로 기술력을 인정받았다. 이러한 해외수출 성과로 노 회장은 지난 2022년 '5,000만 불 수출의 탑'을 받았다.

해외 시장 개척 노력은 실적 증가로 이어졌다. 디케이락은 지난 2022년 기준 매출액 1,099억 원을 기록하며 창사 이래 처음 1,000억 원을 돌파했다. 2023년에도 매출액 1,114억 원을 올리며 실적 상승 흐름을 이어갔다. 현재 매출액 중 수출이 차지하는 비중은 80%에 달한다.

노 회장은 여기에 안주하지 않고 해외 현지화 전략을 보다 강화한다는 방침을 세웠다. 기존 조립 위주였던 러시아 합작법인을 완제품 생산까지 가능하도록 전환했다. 이어 미국, 나이지리아 등 다른 법인 역시 순차적으로 완제품 생산 체계를 구축할 계획이다. 지난 2021년에는 이탈리아 발보메탈을 인수한 뒤 현지 생산법인으로 운영 중이다.

노 회장은 반도체와 항공 등 첨단 산업을 중심으로 초고순도(UHP) 피팅·밸브 적용 확대도 추진 중이다. 디케이락은 현재 삼성전자와 SK하이닉스, 삼성디스플레이 등 국내 유수 반도체·디스플레이 업체들과 피팅·밸브 부문에서 협력한다. 미국 램리서치 등 글로벌 반도체 장비기업들과도 활발히 거래한다.

특히 노 회장은 반도체 피팅·밸브 사업을 강화하기 위해 경기 평택에 거점을 운영하기로 했다. 2025년 중 가동에 들어가는 평택사업장은 총 162억 원을 투자해 대지면적 1만1,609㎡, 연면적 4,876㎡ 규모로 지어진다.

노 회장은 그동안 전량 수입에 의존해온 항공용 피팅·밸브 역시 국산화하는 중이다. 디케이락은 한국형 전투기 'KF21'에 참여해 피팅·밸브 제품을 공급했다. 미국 국제항공 및 방위산업 인증도 획득했다.

노 회장은 중장기적인 실적 전망도 긍정적으로 내다보고 있다. 그는 "앞으로 화석연료에서 친환경 에너지로 전환하는 에너지 패러다임 변화는 회사 실적에 긍정적인 영향을 미칠 것"이라고 말했다.

이어 "여기에 대체에너지와 친환경에너지, 반도체, 항공, 방산 등 다양한 분야로 피팅·밸브 적용 범위를 확대하면서 중장기적인 성장을 지속할 것"이라고 강조했다.

한편 노 회장은 2024년 3월 김해상공회의소 제14대 회장으로 선출됐다. 그는 김해 지역 인재 육성을 위해 김해시 미래인재장학재단 이사장으로도 활동 중이다.

"
전임상에서 임상시험까지 신약 개발을 위한 전주기 지원이 가능합니다.
"

디티앤씨그룹
박채규 회장

'신약 개발 전주기 지원'

"전임상에서 임상시험까지
신약 개발을 위한 전주기 지원이 가능합니다."

박채규 디티앤씨그룹 회장은 "약동학·약력학센터
(PK/PD센터) 가동을 통해 국내외 바이오업체들
에 신약 개발 전임상시험을 지원할 수 있는 모든
준비를 마쳤다"라며 이같이 밝혔다.

이어 "여기에 임상시험을 담당하는 디티앤사노메
딕스를 전임상 사업을 운영하는 디티앤씨알오에
통합하는 작업을 마무리해 전임상에서 임상까지
일괄 지원할 수 있는 체계를 갖출 것"이라고 덧붙
였다.

박 회장은 부산대 전자공학과를 졸업한 뒤 LG전자에 입사하며 사회에 첫발을 내디뎠다. 이후 일본 업체에서 임원으로 활동하는 과정을 거치면서 향후 전자제품 시험인증 시장이 커질 것을 확신했다.

박 회장은 "전자제품은 판매에 앞서 안전과 품질, 환경 규제 등 적합성을 입증하기 위한 시험과 인증이 반드시 필요한데, 이전까지 시험인증은 정부나 해외 기관에 의지해야 했다"라며 "전자제품 기술 발전과 함께 새로운 규제가 계속 만들어지고, 이 과정에서 시험인증 역시 민간에서 진행해야 하는 상황을 예상하고 창업에 나섰다"라고 말했다.

박 회장의 예상은 적중했다. 그가 2000년 창업한 디티앤씨는 가전과 휴대폰, 자동차 등 전자제품 안전과 함께 전자파, 신뢰성 등 다양한 시험과 인증, 컨설팅을 진행하며 꾸준히 성장해갔다. 여기에 방산, 원자력 등 다양한 분야로 시험인증 범위를 확

성공을 부르는 CEO 이야기

장하는 중이다. 디티앤씨 매출액은 지난 2022년 기준 1,100억 원에 달했다.

박 회장은 디티앤씨를 지난 2014년 코스닥에 상장시킨 뒤 곧바로 창업투자회사인 디티앤인베스트먼트를 설립했다. '투자는 곧 미래를 보는 방법'이라는 믿음 때문이었다. 창업투자회사를 운영하다 보니 특이한 점을 발견할 수 있었다. 전체 투자 중 60% 이상이 바이오 분야에 집중돼 있었다.

박 회장은 "국내에서 전자산업에 이어 바이오산업이 떠오를 것이란 확신이 들었다"라며 "바이오산업 중 그동안 디티앤씨를 통해 해온 전자제품 시험인증과 유사한 분야를 찾는 과정에서 임상시험수탁(CRO) 사업이 눈에 들어왔다"라고 말했다.

이어 "해외 CRO 업체들은 전임상과 임상을 모두 독자적으로 수행하는 반면, 국내에서는 이를 일괄

적으로 지원할 수 있는 업체가 없어 후발주자로 진입하더라도 충분히 승산이 있다고 판단했다"라고 덧붙였다.

박 회장은 CRO 사업을 위해 디티앤씨알오, 디티앤사노메딕스를 잇달아 설립한 뒤 각각 동물임상을 하는 전임상, 환자를 대상으로 하는 임상시험 사업을 맡겼다. 이 중 디티앤씨알오가 지난 2022년 코스닥에 입성하면서 그룹 차원에서 디티앤씨와 함께 상장사 2곳을 보유하게 됐다.

박 회장은 경기 용인 본사 부지에 마련한 디티앤씨알오 PK/PD센터에 큰 기대를 걸고 있다. PK와 PD 분석은 동물을 대상으로 하는 전임상에 있어 반드시 필요한 과정이다. 박 회장은 PK/PD센터를 건설하는데 총 250억 원을 투입했다.

박 회장은 PK/PD센터 운영을 계기로 디티앤씨알

오를 글로벌 CRO 업체로 도약시킨다는 목표를
세웠다. 이를 위해 미국식품의약국(FDA)이 요구
하는 수준의 임상 서비스를 갖출 계획이다.

박 회장은 "바이오업체들이 해외 CRO 업체를 선
호하는 이유는 미국 FDA가 요구하는 규제 기준과
요건 등 세밀한 부분에서 차이가 있기 때문"이라며

"그동안 준비 과정을 거쳐 미국 FDA 요구에 확실히 대응할 수 있는 자신감이 생겼다"라고 밝혔다.

이어 "미국 바이오업체 2곳과 CRO 프로젝트를 진행 중인데, 이를 통해 글로벌 CRO 경쟁력을 확보했음을 입증할 것"이라고 덧붙였다.

"
세계 최고
디지털 영상진단
전문회사로
도약할 것입니다.
"

디알텍
안성현 대표

'글로벌 영상진단 도약'

"세계 최고 디지털 영상진단 전문회사로 도약할 것입니다."

안성현 디알텍 대표는 "디지털 영상진단 기술력에 있어 미국 GE, 독일 지멘스 등 글로벌 회사들과 어깨를 나란히 할 수 있다"라며 이같이 자신감을 드러냈다.

진주고를 나와 서울대 산업공학과 학사, 한국과학기술원(KAIST) 산업공학 석사 과정을 마친 안 대표는 지난 1988년 LG에 입사한 뒤 LG전자, LG디스플레이 등에서 활동했다. 그러던 중 LG디스플레이에서 오랜 친분을 쌓아온 박용석 회장이 지난 1999년 창업한 디엠에스에 2002년 최고재무책임자(CFO)로 합류했다.

특히 안 대표는 2004년 디엠에스를 코스닥 시장에 최고 공모가로 상장시키는 데 일등 공신 역할을 했다. 이후 적극적인 외국인 투자자 유치를 통해 디엠에스 시가총액을 한때 코스닥 시장 5위까지 끌어올리는 데 기여했다.

안 대표는 이후 2013년 디알텍 대표이사로 자리를 옮겼다. 마찬가지로 LG디스플레이 시절부터 친분을 이어온 이 회사 윤정기 회장 요청으로 이뤄진 것이다. 디알텍은 병·의원에서 사용하는 진단시스템(엑스레이)에 들어가 촬영한 이미지를 눈으로 볼 수 있도록 하는 장치인 디텍터에 주력한다.

종전 아날로그 진단시스템에서는 필름을 촬영한 뒤 현상하는 과정을 거쳐야 했다. 하지만 진단시스템에 디텍터를 적용할 경우 이런 과정 없이 촬영한

성공을 부르는 CEO 이야기

즉시 모니터로 영상을 확인할 수 있다. 디알텍은 지난 2000년 설립한 이후 방사선을 인체 등에 직접 조사하는 직접 방식 디텍터 분야에서 두각을 보였다.

디알텍은 안 대표가 합류할 당시에도 미국 동물용 디텍터 시장 점유율 30%가량을 차지하며 1위 자리를 이어가는 등 디텍터 시장에서 신흥 강자로 주목받았다. 하지만 디알텍이 직접 방식 디텍터 시장에서 자리를 잡았음에도 불구하고 수년 동안 매출액이 200억~300억 원으로 정체했다. 직접 방식보다 시장이 큰 간접 방식 디텍터 분야에는 여전히 진입하지 못했기 때문이었다. 간접 방식은 방사선을 간접적으로 조사하면서 인체 등에 닿는 방사선량을 줄일 수 있는 장점이 있다.

실제로 디알텍에 따르면 전 세계 디텍터 시장 24억 8,600만 달러 중 직접 방식은 2억 5,800만 달러에 불과하다. 이에 반해 간접 방식 디텍터 시장 규모는 22억 2,900만 달러에 달한다. 전체 디텍터 시장에서 직접 방식이 차지하는 비중은 10%에 불과하다.

안 대표는 "디알텍에 합류한 지 얼마지 않아 중대한 결단을 내렸다. 간접 방식 디텍터 시장에 진출하기로 선언한 것"이라며 "성과는 예상보다 빨랐다. 회사 연구진이 오랜 기간 직접 방식에서 확보한 기술력 덕에 간접 방식 디텍터 개발에 착수한 이듬해인 2014년 첫 제품을 선보일 수 있었다"라고 말했다.

안 대표가 이끄는 디알텍은 이어 2016년 세계 최초로 리트로핏 디텍터를 선보였다. 이는 아날로그 진단시스템에 필름 대신 넣을 경우 디지털 진단시스템으로 사용할 수 있는 획기적인 제품이었다. 디알텍은 간접 방식 디텍터, 리트로핏 디텍터 등 성과를 앞세워 2016년 코스닥 시장에 상장할 수 있었다.

성공을 부르는 CEO 이야기

이후 디알텍은 △동영상 디텍터 △여성유방(맘모) 진단시스템 △벤더블 디텍터 등 다양한 디지털 영상진단 제품군을 갖추며 고도성장 시기에 진입했다. 매출액은 2020년 553억 원에서 2021년 703억 원, 2022년 895억 원 등 3년 동안 연평균 27% 성장했다. 특히 전체 매출액 중 80% 이상을 해외에서 벌어들이는 수출주도형 강소기업으로 자리매김했다.

안 대표는 병·의원 등 의료부문에 이어 정유, 선박 등 산업 부문으로 디텍터를 확대 적용했다. 특히 세계 최대 석유기업인 아람코에 벤더블·커브드 디텍터 납품을 일궜다. 정유, 선박 등에 적용하는 디텍터는 휘어지는 특성이 있는 벤더블 디텍터다.

그동안 송유관과 가스관, 수도관 등에 쓰인 평판형 디텍터는 곡면부 영상이 왜곡되는 문제점이 있었다. 여기에 벤더블 디텍터를 적용하면 곡면에서도 선명한 영상을 얻을 수 있다. 최근에는 두산에너빌리티(옛 두산중공업)와 공동연구 계약을 체결하며 원자력 분야로 벤더블 디텍터 적용 범위를 확대하기도 했다.

안 대표는 현재 수술용 진단시스템인 '씨암'(C-arm) 보급 확대에 열을 올리고 있다. 특히 2024년 5월 미국 대형 의료기기 배급사와 씨암 장비를 오

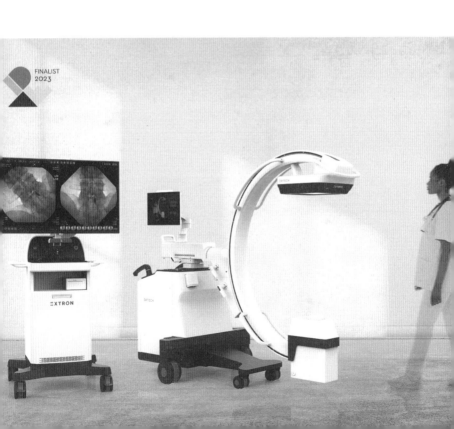

는 2028년까지 5년간 총 1,000대 공급하기로 계약을 체결했다.

그는 "국내 유수 대학병원에서 씨암 품질 테스트를 진행한 결과, 해외 경쟁사 제품보다 성능이 뛰어나다는 평가를 받았다"라며 "미국을 비롯한 전 세계 각지에 씨암을 보급하는 데 힘쓸 것"이라고 말했다.

한편 안 대표는 포항공대 생명공학과 교수, 제넥신 최고경영자(CEO) 등을 지낸 최관용 대표와 함께 암 조기진단 사업을 추진 중인 시스바이오젠 공동 대표를 겸직한다. 성남상공회의소 부회장도 역임 중이다.

"

슈퍼커패시터와 수소연료전지를 앞세워 오는 2030년까지 매출 1조 원 기업으로 도약하겠습니다.

"

비나텍
성도경 대표

'친환경에너지장치 선구자'

"슈퍼커패시터와 수소연료전지를 앞세워 오는 2030년까지 매출 1조 원 기업으로 도약하겠습니다."

비나텍 성도경 대표는 "친환경에너지 저장장치인 슈퍼커패시터가 스마트미터기, 태양열발전소를 넘어 자동차와 가전제품, 방산 등으로 적용 범위를 넓혀가고 있다"라며 강한 자신감을 드러냈다.

슈퍼커패시터와 함께 비나텍 대표 제품인 수소연료 전지 역시 회사 성장을 이끌 양대 축으로 자리를 잡으며 긍정적인 전망을 보여주고 있다. 비나텍은 전북 특별자치도 전주시 친환경 복합단지에 본사가 있다.

성 대표는 전북대학교에서 전자공학을 전공한 뒤 대우전자부품에 입사해 탄탈륨커패시터 생산과 영업 부분에서 경력을 쌓았다. 이후 1997년 삼우 콤포넌트를 설립해 상당한 시드머니를 확보한 뒤 친환경에너지 저장장치 분야에서 독자적인 기술로 전 세계 시장에 도전하기 위해 1999년 비나텍을 창업했다. '비나텍'(VINATech)이란 이름은 역사적 배경과 시장을 염두에 두고 '베트남'(Vietnam), '중국'(China) 약자를 활용해 만들었다.

그리고 오랜 기간 노하우를 축적한 탄탈륨커패시터 대신 슈퍼커패시터에 집중하기로 결심했다. 성 대표는 "제조업을 운영하기로 한 시기에 일본 마쓰시타에서 연구소장을 지낸 분으로부터 탄탈륨커패시터는 이미 많은 업체가 진출해 경쟁이 치열한 분야인 반면, 슈퍼커패시터는 아직 초기 단계라는 조언을 들었다"라며 "이제 막 시작하는 단계인 슈퍼커패시터 분야에 진입하면 전 세계 시장을 선

점할 수 있다고 확신했다"라고 말했다.

슈퍼커패시터는 이차전지에 비해 에너지를 저장
하는 용량은 작지만, 순간적으로 큰 에너지를 낼
수 있는 게 강점이다. 반영구적인 수명을 갖춘 점
도 특징이다. 성 대표는 이를 물병과 접시에 비유
하며 "물병처럼 천천히 물이 나오는 이차전지와

달리, 슈퍼커패시터는 접시에 담긴 물과 같이 한꺼
번에 쏟아낼 수 있다"라고 설명했다.

하지만 기대와 달리 슈퍼커패시터 시장은 빠르게
열리지 않았다. 매년 연구·개발(R&D)에 수십억
원에 달하는 막대한 비용을 투입했지만 좀처럼 구
체적인 성과는 나오지 않았다. 그는 "2008년 금융
위기 때는 직원들 급여 지급까지 어려울 정도로 고
초를 겪으면서 제조업 어려움을 절감했다"라고 회
고했다.

성 대표의 뚝심은 창업한 지 10년 만에 빛을 발
했다. 비나텍은 2010년 업계 최초로 3.0볼트(V)
급 슈퍼커패시터 양산에 성공하며 새로운 전환점
을 맞았다. 우선 미국 모하비 사막에 세워진 아이
밴파 태양열발전소에 60억 원 규모로 슈퍼커패시
터를 납품했다. 미국 블룸에너지와도 20억 원 상
당의 연료전지용 슈퍼커패시터 계약을 체결하며

실적 성장세를 이어갔다.

나아가 성 대표는 데이터저장장치(SSD) 백업용 전원, 자동차 에어백 등 새로운 분야로 슈퍼커패시터 적용 범위를 넓혀갔다. 특히 벤츠 완성차 에어백용 슈퍼커패시터를 전량 공급하면서 글로벌 기술력을 입증했다. 비나텍은 이러한 성과를 바탕으로 매출액과 함께 이익을 꾸준히 늘리며 지난 2020년 코스닥 시장에 상장했다. 비나텍은 대부분 산업이 침체한 '코로나 팬데믹' 기간에도 안정적인 실적 성장 흐름을 지속했다.

성 대표는 앞으로도 글로벌 친환경 트렌드에 힘입어 슈퍼커패시터 수요가 폭발적으로 증가할 것으로 내다봤다. 이를 위해 전북 완주테크노밸리 2단지에 1,000억 원 이상을 투자해 대규모 사업장을 건설하는 중이다. 앞서 2014년 베트남에 해외 생산 거점을 구축한 데 이어 전 세계 각지에 거점을 구축하는 작업도 활발히 진행 중이다.

아울러 성 대표는 지난 2012년 수소연료전지를 신성장동력으로 낙점한 뒤 현재 △소재 △촉매 △막전극접합체(MEA) △분리판까지 포함한 토털솔루션을 갖춘 유일한 회사가 됐다. 이렇듯 슈퍼커패시터, 수소연료전지 등 주력 사업을 앞세워 글로벌 친환경에너지 전문회사로 성장하고 있다.

성 대표는 "회사 성장은 결국 직원의 성장에 달려 있다"라는 신념으로 인재 육성에도 힘쓴다. 우선 대졸 초임을 4,500만 원으로 책정했다. 또한, 직원이 대학원에 진학할 때 학자금을 전액 지원하는 등 파격적인 인재 제도를 운용 중이다.

그는 "직원이 성장하지 않으면 회사도 성장할 수 없다"라며 인재 중심 경영 철학을 강조한다. 비나미래나눔재단도 설립해 지역 사회에 이바지하는 등 기업의 사회적 책임에도 열심이다.

"
전 세계 모든 중고 반도체 장비를 한 곳에서 구매할 수 있습니다.
"

서플러스글로벌

김정웅 대표

'반도체 장비 만물상'
"전 세계 모든 중고 반도체 장비를 한 곳에서 구매할 수 있습니다."

김정웅 대표가 이끄는 서플러스글로벌 경기 용인 반도체 장비 클러스터에는 반도체 8대 공정을 포함해 1,500대 이상 중고 반도체 장비가 있다. 서플러스글로벌이 2022년 12월 연면적 7만㎡ 규모로 준공한 용인 반도체 장비 클러스터는 국내외 반도체 장비기업들을 위한 공유오피스로 운영 중이다. 실제로 3,907㎡ 규모 클린룸과 4,204㎡ 데모룸 등 장비 검증과 교육을 위한 공간과 설비를 갖췄다.

이런 이유로 글로벌 반도체 장비기업인 네덜란드 ASML을 비롯해 미국 KLA, 온토이노베이션 등 해외 유수 장비기업들이 반도체 장비 클러스터 안에 한국 법인을 설립한 뒤 클린룸과 데모룸 등을 공유 중이다. 서플러스글로벌이 그동안 업계에 공급한 중고 반도체 장비는 5만 대 이상이다.

연세대 금속공학과를 졸업한 김 대표는 코오롱상사, 한라자원 등 일반기업, 공기업 등을 두루 거쳤다. 그는 인터넷 열풍이 한창 불던 1990년대 말 인터넷 비즈니스 관련 기고를 시작했고 저서로 '글로벌 인터넷 마케팅'도 출간했다. 이후 인터넷 비즈니스 강사와 컨설턴트로 활발히 활동했다.

김 대표는 "인터넷 비즈니스에 대한 강연과 컨설팅이 긍정적인 반응을 얻으면서 온라인 비즈니스에 대한 자신감을 얻었다"라며 "이는 곧바로 중장비, 공작기계 등을 온라인으로 거래하는 e마켓플레이스 회사 창업으로 이어졌다"라고 말했다.

성공을 부르는 CEO 이야기

김 대표는 창업을 위해 살던 아파트를 팔아 원룸으로 옮기는 한편, 외부로부터 투자도 받아 자본금 23억 원을 확보할 수 있었다. 하지만 '무모한 도전'은 얼마지 않아 바닥을 드러냈다. 창업한 지 2년여 만에 자본금은 4,000만 원만 남았다. 한때 40명에 달했던 직원도 6명까지 줄었다.

그는 "이것저것 다양하게 거래하는 방식에서 벗어나 선택과 집중이 필요했다"라며 "그러던 차에 반도체 등 연간 15% 고성장을 이어가는 전자산업을 주목했다"라고 말했다.

김 대표의 판단은 옳았다. 중고 반도체 장비 거래에 집중하기로 한 이후 회사는 매년 가파른 실적 성장을 이어갔다. 지난 2007년에는 매출액이 300억 원을 넘어섰다.

하지만 2008년 금융위기와 함께 반도체 불황이 오면서 또다시 위기를 겪어야 했다. 2007년 4·4분기 100억 원에 달했던 분기 매출액은 2009년 1·4분기 5억 원까지 줄었다. 2008년부터 2년 동안 손실을 보며 자금난이 이어졌다. 부채 비율은 400%까지 치솟았다.

김 대표는 "당시 아주 작은 사업 기회라도 잡기 위

성공을 부르는 CEO 이야기

해 여기저기 뛰어다녔다"라며 "그렇게 2년을 버텨내니 2010년 다시 반도체 호황이 오면서 경영난에서 벗어날 수 있었다"라고 말했다.

서플러스글로벌은 이후 꾸준한 실적 성장을 통해 2017년에는 코스닥 시장에 상장할 수 있었다. 2022년 기준 매출액과 영업이익은 각각 2,349억 원, 319억 원에 달했다. 해외 사업 확장을 위해 그동안 미국과 일본, 중국, 대만, 독일, 싱가포르 등 6개 국가에 해외 지사를 구축하기도 했다.

김 대표는 중고 반도체 장비 거래 시장이 앞으로 더욱 활성화할 것으로 내다봤다. 그는 "전 세계 반도체 장비 시장이 2022년 기준 130조 원 규모인 데 반해 중고 반도체 장비 시장은 7조 원 수준"이라며 "아직 더 많이 성장할 수 있는 여지가 있다고 판단하고 반도체 장비 클러스터 규모를 오는 2030년까지 현재 4배인 26만㎡ 규모로 확장할 계획"이라고 밝혔다.

한편 김 대표는 발달장애인을 위한 '함께웃는재단' 이사장직을 병행한다. 함께웃는재단에서 격년 주최하는 '오티즘엑스포'는 현재 전 세계에서 가장 큰 발달장애인 행사로 자리 잡았다.

김 대표는 "우리나라 환경·사회·지배구조(ESG) 경영을 평가한다면 서플러스글로벌이 최고 수준이라고 자부한다"라며 "앞으로도 교육용 반도체 장비 기증, 발달장애인 지원을 비롯한 다양한 ESG 활동을 이어갈 것"이라고 덧붙였다.

"
잠이 오는 상추,
카베진(일본 양배추) 등
기능성 채소를 만들어
바이오 분야에
적용할 계획입니다.
"

아시아종묘
류경오 대표

'채소 씨앗이 바이오 원료'

"잠이 오는 상추, 카베진(일본 양배추) 등 기능성 채소를 만들어 바이오 분야에 적용할 계획입니다."

류경오 아시아종묘 대표는 잠이 오는 상추 씨앗을 바이오 업체에 공급한 뒤 천연 수면제를 만들어 업계에 공급한다는 계획을 밝혔다. 그동안 일본에서 전량 수입에 의존해온 카베진 씨앗 역시 육종을 마친 뒤 바이오 업체와 함께 분석하는 작업을 진행 중이다. 이는 천연 소화제에 활용될 예정이다.

류 대표는 40년 가까이 종자(채소 씨앗) 분야에 종사해왔다. 그는 건국대에서 원예학 석사 과정을 마친 뒤 지난 1986년 서울종묘에 입사했다. 당시 업계 2위였던 서울종묘에서 그는 종자 수출을 위해 전 세계 각지로 돌아다녔다. 이 과정에서 종자 국산화가 절실하다고 판단한 뒤 지난 1992년 아시아종묘를 창업했다.

그는 창업 초기 경기 하남에 비닐하우스를 임대해 낮에는 회사에서 종자를 개발하고 밤과 주말에는 관련 종자를 실제로 재배, 출하하는 일에 매달렸다. 하지만 개인회사로 운영하다 보니 영업과 마케팅을 할 비용이 부족했다.

돌파구는 있었다. 대학시절 학보사 편집장을 역임했던 밑천으로 농업잡지에 치커리와 청경채 등 쌈채소 재배 방법을 정기적으로 연재했다. 나름 유명세를 치르면서 방송에도 정기적으로 출연했다. 이 과정에서 아시아종묘가 서서히 알려지고, 가락동 농수산물시장을 중심으로 거래처가 하나둘씩 늘어가며 사세가 확장했다.

성공을 부르는 CEO 이야기

류 대표는 "창업 초기엔 상추와 치커리, 청경채 등 진입장벽이 낮은 쌈채소 종자를 국산화하는 데 주력했다"라며 "이후 양배추와 무, 브로콜리, 콜라비 등 배춧과 채소 종자, 수박과 멜론, 참외 등 열매채소 종자 분야로 사업 영역을 확장해갔다"라고 말했다.

이처럼 종자 분야에서 하나하나 국산화를 일군 결과 아시아종묘는 현재 농우바이오에 이어 국내 종자 업계 2위 자리에 올랐다. 지난 2018년에는 코스닥 시장에 상장했다. 2023년 기준 매출액은 264억 원 규모였다.

아시아종묘는 현재 경기 이천 장호원과 전북 김제에 각각 육종연구소를 운영한다. 아울러 전남 해남에 채종연구소, 전남 영암에 품질관리센터 등 거점을 두고 있다.

특히 서울과 수도권을 중심으로 옥상 등 유휴 공간

을 활용해 농사를 짓는 도시농부가 늘어날 것으로 예상, 지난 2019년 경기도 하남에 연건평 1,514㎡ 규모로 도시농업백화점 '채가원' 문을 열었다. 경기 하남 서하남IC 인근에 위치한 채가원은 비료와 씨앗, 화분, 원예자재, 소도구 등 도시농업에 필요한 모든 자재를 판매한다.

성공을 부르는 CEO 이야기

류 대표는 "채가원을 운영한 지 얼마 지나지 않아 '코로나 팬데믹'이 불어 닥치면서 우려가 컸는데, 반대로 집에 머무는 시간이 늘어나고 옥상이나 텃밭에서 농사를 하려는 움직임이 확산하면서 채가원은 호황을 누렸다"라며 "하나의 건물로 구성된 하남 채가원에 이어 넓은 공간에서 채소 재배 교육과 함께 판매까지 이뤄질 수 있는 채가원 2호점도 구상 중"이라고 밝혔다.

류 대표는 내수 시장에 이어 해외 시장에도 진출했다. 이를 위해 지난 2011년에 인도 법인, 2013년에 베트남 지사를 각각 구축했다. 이후 베트남 지사를 법인으로 전환하면서 현재 해외 2곳에 법인을 운영 중이다.

류 대표는 "인도 법인은 2023년 처음 흑자로 전환했으며, 이를 계기로 인도 현지에 추가로 부지를 알아보는 등 법인을 확장할 계획"이라며 "중장기적으로 인도, 베트남에 이어 중앙아시아 등에 추가로 해외 거점을 구축할 예정"이라고 말했다.

이어 "매출액 중 수출이 차지하는 비중이 2023년 38%에서 2024년 42%까지 높아졌다"라며 "해외 실적이 늘어나면서 매년 실적 증가 흐름을 이어갈 수 있을 것"이라고 강조했다.

류 대표는 아시아종묘를 한국을 대표하는 'K씨드' 회사로 만든다는 목표를 세웠다. 그는 "글로벌 종자 시장은 몬산토와 신젠타 등 해외 기업들이 과점하며 한국 업체들이 차지하는 비중은 1% 수준에 불과하다"라며 "해외 시장 공략을 더욱 강화해 전 세계 종자 시장에 K씨드 우수성을 널리 알리고 싶다"라고 말했다.

이어 "전 세계적으로 이상기후와 함께 각종 질병이 발생한다. 종자 역시 과거 품종으론 생산성이

성공을 부르는 CEO 이야기

떨어질 수밖에 없다"라며 "다양한 질병을 견뎌낼 수 있는 복합내병성 품종을 만들기 위한 연구·개발 투자를 이어간다"라고 덧붙였다.

"
세 차례 창업 모두 피부과 의사라는 업(業)에 충실했다는 공통점이 있습니다.
"

아그네스메디컬
안건영 CTO
(고운세상코스메틱 창업자)

'3번 창업한 피부과 의사'

"세 차례 창업 모두 피부과 의사라는 업(業)에 충실했다는 공통점이 있습니다."

피부미용 의료기기에 주력하는 아그네스메디컬 창업자인 안건영 최고기술책임자(CTO)는 "의사라는 업의 본질은 의학적 지식으로 사람을 돕는 것이다. 기업가로서 창업을 통해 이러한 업을 이어가고 있다"라며 이같이 밝혔다.

아그네스메디컬은 안 CTO가 세 번째로 창업한 회사다. 중앙대 의대 출신 피부과 의사인 안 CTO의 첫 번째 창업은 피부과 프랜차이즈 병원이었다. 그는 지난 1998년 서울 성북구 돈암동에서 고운세상피부과 병원을 개원했다.

안 CTO는 "이전까지 병원은 의사 이름을 내걸었는데, 이런 틀에서 벗어나 새로운 도전을 하고 싶었다"라며 "여기에 '환자도 고객'이라는 슬로건을 내걸고 고객 감동을 추구한 결과 고운세상피부과 병원을 서울, 수도권을 중심으로 빠르게 확장할 수 있었다"라고 말했다.

고운세상피부과 병원은 한때 전국 각지에 20개 이상 늘어났다. 안 CTO의 도전은 피부과 병원에서 화장품 분야로 이어졌다. 그는 지난 2000년 화장품 전문회사 고운세상코스메틱을 창업했다.

안 CTO는 "병원에서 진료를 하다 보니 화장품으로 인한 피부 트러블을 호소하는 경우가 많았다"라며 "피부 건강을 위해 다양한 피부에 적합한 화장품을 직접 만들어야겠다고 판단했다"라고 말했다. 고운세상코스메틱은 이후 '닥터지', '비비드로우' 등 브랜드를 잇달아 선보였다. 특히 닥터지 '블랙

성공을 부르는 CEO 이야기

스네일크림'은 누적 판매 3,000만 개를 돌파하며 '국민 안티에이징 크림'으로 자리매김하기도 했다. 한때 군대 내 매점(PX)에서 품절 현상까지 벌어진 달팽이 크림이 바로 블랙스네일크림이다. 닥터지 '레드블레미쉬크림' 역시 누적 판매 2,000만 개 이상을 기록 중이다.

특히 안 CTO는 고운세상코스메틱 회장으로서 이 회사 이주호 대표와 함께 개인과 회사가 동반 성장하는 기업문화를 만들기 위해 노력해 왔다. 실제로 고운세상코스메틱은 △하루 7.5시간 근무 △주2회 재택근무 △최대 2년 육아휴직 △임신 기간 단축근무 △난임 치료비 지원 등 일·가정 양립 제도를 실천 중이다.

이러한 기업문화를 바탕으로 고운세상코스메틱은 2022년 기준 임직원 평균 합계출산율 2.7 명을 기록했다. 'GPTW'(Great Place to Work)가 선정한 '일하기 좋은 기업'에 4년 연속 선정되기도 했다. 고운세상코스메틱은 2023년 당시 신입사원 10여 명을 뽑는 공채에 지원자가 3,000명 이상 몰리기도 했다.

안 CTO는 고운세상코스메틱 성공에 안주하지 않고 또 다른 도전에 나섰다. 고운세상코스메틱을 경영 중이던 지난 2018년 아그네스메디컬을 창업한 것이다. 안 CTO가 아그네스메디컬에서 처음 선보인 피부미용 의료기기 '아그네스'는 피지선 등 불필요한 부분을 제거하는 방법으로 여드름, 황관종 등을 치료한다. 아그네스는 북미 지역에만 누적 1,000대 이상 수출됐다.

특히 아그네스메디컬은 지난 2023년 세계 최초로 유두진피, 망상진피에 에너지를 동시에 전달해 피부 역노화를 돕는 마이크로니들 방식 피부미용 의료기기 '더블타이트'를 선보였다. 더블타이트는

2024년 러시아, 모로코 등에서 잇달아 인증을 받고 현지 시장에 수출 중이다.

이중 길이 마이크로니들을 활용한 더블타이트는 중앙대병원 피부과 김범준·석준 교수팀과 하버드대 안가람 박사가 함께 낸 연구 논문을 통해 피부 역노화 효과를 입증하며 피부미용 업계에서 주목을 받는다.

안 CTO는 "더블타이트는 유럽 인증 'CE 0068'을 받은 뒤 독일과 프랑스, 우크라이나 등 유럽 현지에서 현재 활발히 판매 중"이라며 "미국식품의약국(FDA) 허가도 진행 중"이라고 말했다.

안 CTO는 피부과 의사로서 최근 의대 쏠림 현상에 대한 의견도 조심스레 내놨다. 그는 "의사라고 하면 진료만 생각한다. 하지만 기업가와 공무원, 언론인 등 본질에서 벗어나지 않는다면 다양한 분야에서 의학적 지식으로 사람들을 도울 수 있을 것"이라고 말했다.

성공을 부르는 CEO 이야기

"자동차램프를
만들 수 있는
원스톱 밸류체인을
완성했습니다."

아이엘그룹

송성근 의장

'자동차램프 이어 전고체배터리'

"자동차램프를 만들 수 있는 원스톱 밸류체인을 완성했습니다."

송성근 아이엘그룹 의장이 2024년 말 아이엘셀리온을 인수하면서 자동차램프 원스톱 밸류체인을 위한 마지막 퍼즐을 완성했다. 이를 통해 아이엘그룹은 중견그룹사로 도약한다는 전략을 밝혔다.

자동차램프는 인쇄회로기판(PCB)에 발광다이오드(LED)를 실장(SMT) 한 뒤 실리콘렌즈를 올리고 커버를 씌우는 단계를 거친다. 아이엘사이언스가 실리콘렌즈, 계열사인 아이엘모빌리티가 커버 분야에서 경쟁력을 갖춘 데 이어 아이엘셀리온까지 인수하며 PCB 기술까지 더했다.

송 의장은 "자동차램프 생산과 공급에 있어 판관비와 물류비 등 원가절감과 함께 품질 향상이 가능해졌다"라며 "이는 국내외 경쟁사가 따라올 수 없는 수준"이라고 강조했다.

아이엘사이언스는 아이엘셀리온 지분과 함께 경영권을 인수했다. 유상증자까지 고려하면 지분율은 88.9%까지 늘어난다. 경기 화성에 본사를 둔 아이엘셀리온은 자동차램프용 PCB를 테슬라와 폭스바겐, 포르쉐 등에 공급한다.

송 의장은 '대학생 창업자'로 유명하다. 그는 가천대 전자공학과에 재학 중이던 지난 2008년 가천대 창업보육센터에서 아이엘사이언스를 창업했다. 이후 아이엘사이언스는 아파트, 빌딩 등 건설 부문 발광다이오드(LED) 조명에 주력해왔다. 아울러 한국도로공사 등 정부 기관에 납품하는 공공 LED 조명 사업도 운영했다.

성공을 부르는 CEO 이야기

이렇듯 아이엘사이언스가 LED 조명을 앞세워 어느 정도 자리를 잡자 송 의장은 차세대 신수종사업으로 실리콘렌즈를 선정했다. 미국 얼바인대 교수로부터 "실리콘으로 렌즈를 만들면 다양한 곳에 쓰일 수 있을 것"이라는 이야기를 들은 뒤였다.

이전까지 자동차램프는 유리, 플라스틱 등으로 만들었다. 하지만 유리는 성형에 한계가 있고 플라스틱은 열에 취약하다. 실리콘은 이러한 단점을 모두 극복할 수 있는 소재로 각광을 받았다. 하지만 이전까지 실리콘렌즈를 자동차램프로 상용화한 사례는 전무했다.

송 의장은 "통상 유리, 플라스틱 등은 고체를 액체, 다시 고체로 만드는 과정을 거치는데, 실리콘은 액체이기 때문에 기존 과정으론 렌즈를 만들어낼 수 없었다"라고 말했다.

그는 지난 2011년 '세상에 없는 기술' 상용화에 착수한 뒤 무려 12년이란 시간을 쏟아부었다. 그 결과 2023년 초 자동차램프용 실리콘렌즈를 상용화한 뒤 실제로 충남 천안 공장에 전용라인을 구축할 수 있었다. 아이엘사이언스 천안 공장에선 현재 자동차 테일라이트(후미등)를 생산 중이며, 추가로 헤드라이트(전조등), 라이팅그릴 등도 만들 예정이다.

송 대표는 "전기자동차, 자율주행차 시대가 열리면서 자동차램프가 다양한 형태로 만들어지고 이를 위해선 플렉시블(휘어지는)을 구현할 수 있는 실리콘렌즈가 필수"라며 "실리콘렌즈를 앞세워 미래 자동차램프 시장 선점 작업을 진행 중"이라고 말했다.

송 의장은 실리콘렌즈 상용화와 함께 아이엘셀리온 인수 등을 통해 중견그룹사로 도약한다는 전략이다. 그는 "아이엘그룹 중심인 아이엘사이언스를 2024년 전문경영인체제로 전환했다. 계열사인 아이엘모빌리티, 아이트로닉스는 최고경영자(CEO) 교체를 통해 부문별 독립성을 부여하고 각 상황에 능동적으로 대처하는 중"이라고 말했다. 전문성을 바탕으로 역할과 책임을 명확히 해 매출액과 수익성 등 각 부문에서 빠르게 성과를 낸다는 전략이다.

송 의장은 자동차램프 원스톱 밸류체인 구축에 이어 전고체배터리 상용화에 나설 계획이다. 이를 위해 모교인 가천대와 긴밀하게 협력 중이다. 실제로 가천대로부터 △전고체 박막 전지 제조방법 △음극 제조방법 및 이를 이용해 제조된 음극 △양극 기판, 고용량 전 고상 전지 및 그 제조 방법 등 총 8개 특허를 이전받았다.

이를 위해 아이엘사이언스 배터리 R&D센터를 아예 가천대 안에 구축했다. 이곳에서 고재환 아이엘사이언스 배터리 R&D센터장과 함께 배터리 분야 석학인 가천대 윤영수 교수가 전고체배터리 상용화를 준비 중이다.

송 의장은 "회사를 창업한 뒤 먼저 LED 조명 사업을 안착시켰다"라며 "이후 오랜 연구·개발 끝에 실리콘렌즈를 상용화할 수 있었다. 여기에 아이엘모빌리티, 아이엘셀리온 인수 등을 통해 자동차램프 사업을 고도화하는 중"이라고 말했다. 이어 "아울러 가천대와의 산학협력을 통해 전고체배터리

　　　　　　　　성공을 부르는 CEO 이야기

시장을 선점할 것"이라고 덧붙였다.

송 의장은 2024년 9월 서울 송파구 문정동 사옥 아이엘스퀘어를 매각했다. 사옥을 매각한 대금 122억 원 중 일부는 부채상환에 활용하고 나머지는 신성장동력인 실리콘렌즈, 전고체배터리 사업을 위한 연면적 9,520㎡ 규모 신공장에 투입할 계획이다.

한편 송 의장은 모교 사랑도 남다르다. 그는 현재 가천대 총동문회장이다. 임기는 2027년 1월까지다. 지난 2021년 총동문회장에 취임한 뒤 3 연임을 했다. 송 의장은 그동안 가천대에 15억 원에 달하는 대학발전기금을 전달하기도 했다.

"
매출 1,000억
글로벌 원격지원
소프트웨어 회사로
성장할 것입니다.
"

알서포트
서형수 대표

'원격솔루션 강자'
"매출 1,000억 글로벌 원격지원
소프트웨어 회사로 성장할 것입니다."

알서포트는 원격지원 솔루션 '리모트콜', 원격제어 솔루션 '리모트뷰'를 비롯해 원격화상회의 솔루션 '리모트미팅' 등 다양한 원격지원 소프트웨어 제품군을 갖췄다. 리모트뷰는 글로벌 원격제어 시장에서 '팀뷰어'와 경쟁한다.

알서포트는 전체 매출액 중 60% 이상을 해외에서 벌어들인다. 원격지원 솔루션 분야에서 글로벌 시장 점유율 7위, 아시아 시장 점유율 2위에 올랐다. 전 세계 24개국 2만 5,000여 기업을 거래처로 확보한 수출주도형 강소기업이다.

특히 일본에서는 도시바, 샤프 등 굴지 제조업체부터 최대 통신사인 NTT도코모 등 다양한 산업 분야에서 유수 거래처를 확보했다. 중국 역시 화웨이와 오포, 메이주, 원플러스 등 5대 휴대전화 제조사 등에 원격지원 솔루션을 공급한다. 아울러 프랑스 통신사 부이그텔레콤, 모로코 통신사 오렌지 등 유럽 시장에도 진출했다.

알서포트는 전 세계적으로 원격지원 시장이 성장할 것으로 내다본 서형수 대표가 지난 2001년 창업한 회사다. 그는 창업 초기부터 내수 시장에 머물면 중장기적으로 회사가 성장하는 데 있어 한계가 있다고 판단하고 일본 등 해외 시장 공략에 나섰다. 지난 2006년에는 일본에 법인을 설립한 뒤 현지화 작업을 진행하기도 했다.

서 대표는 "창업한 뒤 불과 4개월 만인 2002년 3월 일본에서 열린 'IT위크' 행사에 참여했다"라며

"다행히 이 자리에서 현지 유통사와 협력 관계를 맺었으며, 이를 통해 소니와 도시바, 후지쯔 등 일본 5대 PC 업체에 잇달아 리모트콜을 공급할 수 있었다"라고 당시 상황을 돌이켰다.

서 대표는 2007년 아이폰이 등장한 이후 스마트폰 시대가 열리면서 원격지원 솔루션 역시 PC에서 모바일로 바뀔 것으로 내다봤다. 이를 위해 국내외 유수 이동통신사들을 찾아 설득하는 과정을 진행했다. 그 결과, 일본 최대 이동통신사인 NTT도코모와 협력할 수 있는 기회를 마련했다.

알서포트는 지난 2012년 NTT도코모로부터 150억 원 투자를 유치하는 성과를 올렸다. NTT도코모는 현재까지 서 대표에 이어 알서포트 2대 주주로 이름을 올리고 있다. 그는 NTT도코모와의 협력을 성사시키면서 알서포트가 한 단계 도약할 수 있는 계기를 마련했다.

서 대표는 "원격지원 솔루션이 모바일로 전환할 것을 예상하고 NTT도코모 측에 모바일 원격지원 서비스를 먼저 제안했다"라며 "이런 과정을 거쳐 NTT도코모가 알서포트와 함께 출시한 '안심원격 서비스'는 현재 2,400만 명 이상 이용하는 유료서비스로 자리 잡았다"라고 말했다.

'코로나 팬데믹'은 알서포트가 또 한 번 도약할 수 있는 계기였다. 코로나 팬데믹 당시 재택근무 등 원격지원 솔루션 수요가 급증하면서 알서포트 매출액은 2020년 464억 원에서 이듬해 525억 원으로 늘어났다. 특히 2020년 당시 영업이익 185억 원을 기록, 이익률이 40%에 달하기도 했다. 시가총액은 한때 1조 원을 돌파했다.

서 대표는 "코로나 팬데믹 이전에도 일본에서는 '텔레워크'라는 개념으로 재택근무가 도입되기 시작했다. 이에 따라 현지에서 리모트뷰, 리모트미팅 등 원격지원 솔루션 판매가 꾸준히 늘어났다"라며 "이미 준비된 기업으로서 코로나 팬데믹 이후 국내 시장에 원격 솔루션을 활발히 공급하며 큰 성장을 일굴 수 있었다"라고 말했다.

서 대표는 '코로나 엔데믹'을 위한 원격 솔루션도 마련했다. 비대면 원격 상담·판매 솔루션인 '리모트 VS'가 그것이다. 리모트 VS는 안내 문자메시지 전송부터 이미지·화면 공유, 영상녹화와 이력관리 기능 등 비대면 영상 상담과 함께 고객 응대에 최적화된 기능을 제공한다. 알서포트는 그동안 리모트 VS를 교보생명과 수협, 카카오뱅크 등 국내 유수 금융사에 공급했다. 최근 NTT도코모가 일본 전역으로 확대 중인 온라인 접객 시스템을 리모트 VS로 구축했다.

서 대표는 글로벌 원격지원 솔루션 회사로 도약하기 위해 2024년 신사옥을 마련했다. 알서포트는

신사옥 준공과 함께 서울 송파구 본사를 강동구 고덕비즈밸리 '알서포트 글로벌 R&D센터'로 이전했다.

토지 119억 원과 공사비용 449억 원 등 총 568억 원을 투입한 신사옥 글로벌 R&D센터는 지하 6층, 지상 9층 규모다. 이곳에는 알서포트 임직원 500여 명이 상주할 수 있는 사무공간과 함께 카페테리아, 도서관, 피트니스센터 등 부대시설도 들어섰다. 개발자가 일하기 제일 좋은 회사를 만들겠다는 포부로 특수 주문 제작한 몰입형 데스크를 연구소 전체에 비치했다.

신사옥 글로벌 R&D센터 이전과 함께 인공지능(AI) 인력과 기술을 집중적으로 투자해 기존 원격 소프트웨어를 고도화하는 한편, AI 회의록 솔루션과 AI 상담원 솔루션 등 신제품 출시를 앞두고 있다.

서 대표는 "창업 이후 줄곧 독자 기술 개발과 끊임없는 혁신을 통해 해외 시장을 개척하고 신뢰를 축적해왔다"라며 "글로벌 R&D센터인 고덕 신사옥에서 세계 수준 제품 개발과 함께 차별적인 고객 경험을 제공해 해외 시장을 확대하고 글로벌 원격 지원 시장 리더로 자리매김할 것"이라고 포부를 밝혔다.

"

'클럭'과 '몽제',
'오호라', '안다르'
모두
'비즈니스 부스팅'
성과입니다.

"

에코마케팅
김철웅 대표

'기업 살리는 병원'
"'클럭'과 '몽제', '오호라', '안다르' 모두 '비즈니스 부스팅' 성과입니다."

에코마케팅 김철웅 대표는 지인들에게 "마케팅이 가장 쉬웠어요"라고 말하곤 한다. 실제로 그는 국내에서 디지털 마케팅 분야 최고 전문가로 통한다. 에코마케팅은 검색광고와 배너광고, SNS광고 등 디지털 마케팅을 앞세워 2023년 기준 매출액 3,505억 원을 올린 중견기업이다.

에코마케팅은 금융과 콘텐츠, 패션, 스포츠용품 등 다양한 산업에 속한 국내외 유수 업체들과 협력한다. 에코마케팅과 디지털 마케팅 분야에서 협력하는 업체들은 통상 10년 이상 관계를 이어간다.

김 대표는 경희대에서 경제학을 전공한 뒤 신한은행에 입사하며 사회 첫발을 내디뎠다. 신한은행에서 사내고시를 거쳐 마케팅 전문직으로 임명받은 이후 마케팅에 집중했다. 그는 지점망을 기반으로 한 기존 신한은행 영업의 한계를 파악하고 향후 인터넷뱅킹이 가장 중요한 전략이 될 것이라고 확신했다.

김 대표는 "시드니대에서 마케팅을 전공한 이후 인터넷뱅킹을 기획·마케팅 하는 업무를 담당했다"라며 "그 결과 신한은행이 국내 최초로 인터넷뱅킹 사이트를 출시하는 데 일조했다"라고 말했다.

그는 인터넷뱅킹을 기획하는 과정에서 인터넷대출 시장이 유망할 것으로 내다봤다. 당시는 대출 수요가 공급을 압도하는 상황이었기 때문에 "대출을 마케팅한다"라는 생각을 하지 못하던 시기였다.

그러나 곧 대출 마케팅 수요가 늘어날 것으로 판단했다. 김 대표는 "대출 수요는 이자율이 가장 중요한 변수라고 믿던 당시 관행이 잘못된 것임을 확신하고, 대출은 '창피함의 함수'라고 주장하며 인터넷 대출 중요성을 강조했다"라며 "일반인들에 있어 '거절의 당혹감'이 은행 선택에 가장 중요한 이유로 판단하고 지점 방문 없이 대출을 받을 수 있는 유일한 방법은 인터넷을 통하는 것이라는 확신에서였다"라고 말했다.

신한은행을 퇴사한 뒤 핑거라는 핀테크 회사 설립을 주관해 인터넷대출시스템을 은행에 공급하던 그는 2003년 티엔티커뮤니케이션을 직접 창업한 뒤 인터넷뱅킹시스템을 금융권에 공급하고 마케팅하는 사업에 주력했다. 이 과정에서 인터넷뱅킹을 마케팅하기 위해 광고대행사들을 찾았다.

김 대표는 "광고대행사들을 방문해 '얼마를 지불

할 테니 매출 얼마를 보장해 달라'라는 말을 했다. 하지만 하나같이 '매출은 보장해 줄 수 없다'는 말 뿐이었다. 광고는 공급자 위주 시장이며 정작 소비자가 필요로 하는 건 관심이 없다는 생각이 들었다"라며 "하지만 이를 다시 생각해보니 '매출 성과를 보장해주는 광고가 있다면 관련 시장을 장악할 수 있겠다'는 판단이 섰다"라고 말했다.

김 대표는 창업한 이듬해 회사명을 '에코마케팅' 으로 바꾼 뒤 디지털 마케팅 분야에 뛰어들었다. 그리고 철저한 데이터 분석에 기반한 '퍼포먼스 마케팅'을 국내 최초로 도입했다. 퍼포먼스 마케팅 은 말 그대로 매출 등 '성과'(퍼포먼스)를 보장해 주는 광고 방식이었다. 이렇듯 퍼포먼스 마케팅을 도입한 결과, 에코마케팅은 현재까지 국내 디지털 마케팅 시장 1위 자리를 이어간다.

그러던 김 대표는 마케팅 외에 기획과 제조, 물류 까지 제품을 만들고 판매하는 모든 과정을 직접 해 보고 싶다는 생각이 들었다. 이를 위해 '비즈니스 부스팅'이라는 새로운 사업 모델을 만들었다. 이 는 기업 발굴에서 투자, 육성, 회수로 이어지는 사 업모델을 말한다. 미국 스라시오, 독일 로켓인터 넷 등이 비슷한 형태 사업을 운영한다.

김 대표는 우선 미니 마사지기 '클럭', 매트리스

'몽제' 등 자체 제품을 출시한 뒤 비즈니스 부스팅 사업 가능성을 지켜봤다. 결과는 성공적이었다. '클럭'은 2018년 출시한 뒤 현재까지 1,000만 개 이상 판매했다. 몽제 역시 출시한 지 2년 만에 누적 매출 1,000억 원을 넘어섰다. 그는 "마사지기는 통상 중장년이 구매한다는 통념을 깨고 MZ세대를 겨냥한 마케팅 활동을 펼쳤다. 그 결과 클럭을 MZ 세대가 구매한 뒤 부모님 등에 선물하는 새로운 시장이 형성됐다"라고 말했다.

김 대표는 비즈니스 부스팅 사업과 관련, 투자할 기업 물색에 나섰다. 가장 먼저 눈에 들어온 곳은 셀프 젤 네일 '오호라' 사업을 운영하던 글루가였다. 그는 "글루가는 방문할 당시만 해도 적자를 내던 회사였다. 이후 마케팅 전문가들을 대거 파견하는 등 변화를 주면서 투자한 지 6개월 만에 월 170억 원 매출을 올리는 회사로 거듭났다"라고 말했다.

에코마케팅 비즈니스 부스팅 사업에 있어 가장 큰 성공 사례로 애슬레저 업체 '안다르'를 꼽을 수 있다. 김 대표는 "안다르는 2021년 기준 파산 직전까지 갔던 회사다. 하지만 투자한 뒤 1년 만에 국내 애슬레저 시장을 선도하는 회사로 탈바꿈했다"라고 말했다.

빠르게 성장한 안다르는 2024년 3·4분기 기준 매출액 725억 원, 영업이익 122억 원을 달성하며 업계 1위에 올라섰다. 국내 시장을 석권한 안다르는 2025년 본격적으로 글로벌 애슬레저 시장에 도전장을 내민다.

김 대표는 글루가, 안다르 이후에도 '감탄브라', '원더브라' 등으로 잘 알려진 그리티, 원료주의 스킨케어 브랜드 '믹순'을 전개하는 파켓 등에 투자한 뒤 회사를 '환골탈태'하는 작업을 했다.

그는 "에코마케팅하면 '기업을 살리는 병원'이란 말을 듣고 싶다. 망해가는 회사를 살리는 것도 그렇지만, 창업한 지 얼마 지나지 않은 회사를 키우는 것 역시 가장 잘 할 수 있는 일"이라고 말했다. 이어 "앞으로 병원을 넘어 기업이 아예 아프지 않도록 관리하는 수준까지 기술과 경험을 끌어올리려 한다"라고 덧붙였다.

"
이차전지
소재 분야에서
글로벌 회사로
성장할 것입니다.
"

에코앤드림

김민용 대표

'글로벌 이차전지 소재 도약'

"이차전지 소재 분야에서
글로벌 회사로 성장할 것입니다."

김민용 에코앤드림 대표가 야심 차게 포부를 드러냈다. 이미 이차전지 양극재 다국적 기업과 장기 공급계약을 체결하면서 앞으로 수년 동안 전구체를 안정적으로 공급할 수 있는 체제를 갖췄다고 자신 있게 말했다.

이차전지는 한번 쓰고 버리는 일차전지와 달리 충전을 통해 반영구적으로 쓸 수 있는 전지를 말한다. 이차전지는 그동안 스마트폰과 태블릿PC 등 모바일 기기를 중심으로 활발히 채용됐다. 특히 최근 전기자동차 에너지원으로 쓰이기 시작하면서 큰 주목을 받고 있다.

이차전지는 △양극재 △음극재 △분리막 △전해질로 구성된다. 양극재에 있는 리튬이온이 분리막을 거쳐 음극재로 이동할 때 에너지가 충전되는 원리다. 이 중 양극재는 이차전지 전체 원가 중 40% 정도 차지한다. 에코앤드림은 양극재 안에 들어가는 원재료인 전구체에 주력한다.

김 대표는 연세대 화학공학과를 졸업한 뒤 HD현대오일뱅크에 입사해 연구원으로 활동했다. 그러던 중 친환경 분야가 유망할 것으로 내다보고 지난 2004년 창업 전선에 뛰어들었다. 그는 '에코앤드림'(Eco&Dream)이라는 사명에 글로벌 친환경 소재 회사로 성장하겠다는 꿈을 반영했다.

김 대표는 첫 번째 사업 아이템으로 자동차 촉매를 선정했다. 촉매는 자동차 배기가스후처리장치

성공을 부르는 CEO 이야기

에 들어가 미세먼지와 질소산화물 등 유해물질을 저감하는 역할을 한다. 그는 촉매와 배기가스후처리장치 연구·개발(R&D)을 위해 창업 이듬해 연구소를 설립한 뒤 국내와 중국에서 사업화를 추진했다. 특히 중국 현지에 합작법인을 설립하며 현지 시장 공략에 나섰다. 그 결과, 국내와 중국 등에서 농기계와 자동차 100개 이상 모델에 촉매를 공급하며 회사가 성장할 수 있었다.

김 대표가 자동차 촉매에 이어 결정한 두 번째 사업 아이템은 이차전지 전구체였다. 이차전지 전구체 사업은 지난 2008년에 착수했다. 당시 이차전지는 스마트폰 등 일부 모바일 기기에만 채용되면서 크게 주목받지 못하던 시기였다.

그는 수년간 준비 과정을 거쳐 국내외 유수 이차전지 관련 업체들과 긴밀한 협력관계를 형성할 수 있었다. 그 결과 지난 2014년 청주 공장에서 이차전지 전구체 양산에 착수할 수 있었다. 이는 국내 업체들 가운데 가장 빠른 성과였다.

김 대표는 "촉매와 이차전지는 연구원과 연구시설을 80% 정도 혼용할 수 있다. 이런 이유로 해외에서는 촉매를 만드는 회사가 이차전지 소재까지 하는 경우가 많다"라며 "국내에서 촉매에 이어 전구체 사업에 선도적으로 진입한 결과, 국내외 유수 이차전지 관련 업체들로부터 협력 요청을 받을 수 있었다"라고 말했다.

하지만 난관도 있었다. 지난 2016년 중국에서 전기자동차 배터리 인증 문제가 발생하면서, 관련 매출이 갑자기 사라진 것이다. 당시 에코앤드림이 만드는 전구체는 대부분 중국 수출을 위한 이차전지에 쓰였다. 하지만 중국 현지에서 한국산 이차전지 수요가 급격히 줄면서 전구체 공장 가동을 중단해야 했다. 이후 3년 동안 전구체 사업에서 어려움을 겪었으며, 이 과정에서 부채도 눈덩이처럼 불어났다.

돌파구는 있었다. 정부에서 2019년 '대기 관리 권역의 대기환경 개선에 관한 특별법'(이하 미세먼지특별법)을 시행했다. 특별법에 따라 당시 전국 250만 대에 달하는 5등급 차량은 배기가스후처리장치를 설치하면 과태료를 면제받고 운행할 수 있었다.

김 대표는 "특별법 시행으로 한 해 8만 대 정도의 배기가스후처리장치 교체 수요가 발생했다. 여기에 주문자상표부착생산(OEM) 촉매 사업까지 호조를 보이면서 실적이 빠르게 회복했다"라고 말했다. 에코앤드림은 2020년에 매출액 923억 원, 영업이익 164억 원을 올리며 턴어라운드를 실현할 수 있었다.

전구체 사업 역시 다시 주목받기 시작했다. 전 세

계적인 친환경 트렌드에 따라 전기자동차 시장이
빠르게 성장했다. 이에 따라 전기자동차 에너지원
으로 쓰이는 이차전지 역시 각광을 받았다.

국내외에서 늘어나는 전구체 요청에 김 대표는 중
요한 결정을 내렸다. 새만금 국가산업단지에 전구
체 공장을 건설하기로 한 것이다. 에코앤드림은

성공을 부르는 CEO 이야기

2024년 총 14만 8,479㎡ 부지에 전구체 공장을 착공했다. 새만금 공장에 투입하는 금액은 2,000억 원 이상이다.

김 대표는 2026년부터 전 세계적으로 전기자동차 수요가 폭발적으로 늘어날 것으로 내다봤다. 이에 따라 새만금 공장을 통해 향후 본격적으로 증가할 이차전지 전구체 물량에 적극 대응한다는 방침이다.

그는 "새만금 공장을 완공하면 연간 3만 5,000톤 규모로 이차전지 전구체 생산이 가능하다. 이를 매출로 환산하면 연간 7,000억 원에 달할 것"이라고 말했다.

"
빌 게이츠,
워런 버핏 등
유명 인사도 찾는
명품 헬스케어 공간으로
조성할 것입니다.
"

인산가
김윤세 회장

'죽염 종가'

"빌 게이츠, 워런 버핏 등 유명 인사도 찾는
명품 헬스케어 공간으로 조성할 것입니다."

김윤세 인산가 회장은 현재 추진 중인 인산죽염 항노화 지역특화 농공단지 안에 죽염공장을 비롯해 박물관과 도서관, 공연장 등을 두루 갖춘다는 방침이다. 이를 통해 전 세계 누구나 방문하면 3개월 정도 힐링과 함께 재충전할 수 있도록 제반 편의시설을 갖출 계획이다.

인산가는 경남 함양군 해발 600m 지역에 20만 7,216㎡ 규모로 농공단지 조성을 완료하고 우선 총 400억 원을 들여 죽염공장을 2025년 8월 완공할 예정이다. 앞서 박완수 경남도지사, 진병영 함양 군수는 농공단지 투자가 원활히 진행될 수 있도록 인·허가 등 행정적 지원을 약속했다.

인산가는 '죽염 종가'로 유명하다. 인산가 죽염은 3년간 간수를 뺀 서해안 천일염을 지리산 왕대나무 통에 담고 황토로 막은 뒤 소나무 장작불에 구워낸 제품이다. 천일염을 총 25일간 9번 굽는 과정을 거치면 △마그네슘(Mg) △칼슘(Ca) △칼륨(K) △인(P) △철(Fe) △아연(Zn) 등 다양한 인체 필수 미네랄을 다량 함유한 죽염이 만들어진다.

김 회장은 죽염·쑥뜸 등을 활용한 의술을 펼친 부친 '인산' 김일훈 선생의 영향을 받고 자랐다. 그러던 그는 1986년 김일훈 선생의 의술 내용을 담은 '신약'(神藥)을 출간했다. 신약은 현재까지 100만 부 이상 팔려나갔다.

김 회장은 "신약을 출간한 뒤 독자들 사이에서 죽

염을 구하고 싶다는 사례가 이어졌다"라며 "신약
에 혈압 조절과 소화 촉진 등 죽염 효능을 다뤘기
때문"이라고 말했다. 이런 이유로 김 회장은 신약
을 출간한 이듬해 8월 27일 죽염을 최초로 상업적
으로 생산하기 시작했다. 그는 이날을 '죽염의 날'
로 정해 매년 이를 기념하는 행사를 연다.

창업 후 김 회장이 걸어온 길이 순탄치만은 않았
다. "소금은 건강에 좋지 않다", "과다 섭취하면 해
롭다", "죽염을 많이 팔기 위해 소금이 이롭다는
거짓을 조장한다"라는 등 부정적인 반응에 적지
않은 어려움을 겪었다.

김 회장은 "돌이켜보면 2002년이 가장 힘든 해로
기억된다. 당시 식품의약품안전청이 구운 소금에
서 발암물질(다이옥신)이 검출됐다고 발표했고
이후 회사 매출은 10분의 1 수준으로 줄었다"라며
"다행히 이듬해 실적이 원상 복구했지만, 이후에

도 편견과 계속 싸워야만 했다"라고 말했다.

김 회장의 진심은 통했다. 건강을 위해 죽염을 찾는 이들은 이후 꾸준히 늘어났다. 인산가 회원 수는 36만 명을 넘어섰다. 죽염 등을 활용한 건강 지식을 널리 알리기 위한 잡지 '인산의학'은 매달 18만 6,000부 이상 발행한다. 김 회장은 죽염 효능을 알리기 위한 외부 강연을 2023년 기준 총 112회 진행했다.

인산가는 꾸준한 회원 수 증가와 함께 실적 상승 흐름을 앞세워 지난 2018년 코스닥 시장에 상장했다. 창립 33주년이던 지난 2020년에는 매출액 305억 원을 기록하며 창사 이래 처음 300억 원을 넘어서기도 했다. 2023년 매출액은 373억 원에 달했다.

인산가는 죽염뿐 아니라 식품, 화장품, 관광 등으로 사업 영역을 확장하는 중이다. 지난 2020년에는 솔트코스메틱(소금 화장품) 브랜드 '씨실'을 선보였다. 이듬해 경남 함양 본사 부지 안에 '웰니스 호텔'을 준공하기도 했다.

특히 '가정간편식'(HMR)은 이미 죽염을 잇는 신수종 사업으로 자리를 잡았다. 인산가는 '죽염명란젓', '순백명란', '죽염간고등어' 등을 홈쇼핑, 온라인몰 등을 통해 활발히 판매한다.

김 회장은 이러한 흐름을 이어가기 위해 농공단지 토목공사를 마무리하고 죽염공장 건축공사에 심혈을 기울이고 있다. 죽염공장 건축공사 공정률은 2024년 11월 30일 기준 40%이다. 농공단지는 그가 지난 2015년부터 추진해온 숙원 사업이다.

그는 "만 8년 5개월 동안 지역 주민과 공무원을 대상으로 농공단지 조성 필요성을 설득하는 과정을 거쳐야 했다"라며 "오랜 노력 끝에 2024년 3월 죽염공장을 착공하며 농공단지 조성을 위한 첫발을 내디딜 수 있었다"라고 강조했다.

인산가 죽염공장을 완공하면 죽염 생산 능력이 기존보다 4배 정도 늘어난다. 인산가는 향후 5년에 걸쳐 죽염박물관과 중앙도서관, 실내공연장, 양·한방 통합의료센터, 생명과학연구소, 운동시설 등을 순차적으로 조성할 계획이다.

성공을 부르는 CEO 이야기

김 회장은 궁극적으로 전 세계 모든 식탁 위에 죽염이 놓이는 것을 목표로 한다. 그는 "죽염을 비롯한 건강식품으로 인류 건강에 기여하고 싶다. 시간은 걸리겠지만 반드시 가야 할 길"이라며 "방사능 오염수 방류 등으로 인해 바닷물 오염이 날로 심각해지는데 훗날 소금을 그냥 먹으면 안 되는 시기에 죽염이 큰 역할을 하게 될 것"이라고 덧붙였다.

"
우리나라에서
'평생직장' 개념을
'평생직업'으로
바꾸는 역할을 했다는
자부심이 있습니다.
"

인크루트
서미영 대표

'취업포털 원조'

"우리나라에서 '평생직장' 개념을
'평생직업'으로 바꾸는 역할을 했다는
자부심이 있습니다."

서미영 인크루트 대표는 "인크루트는 과거 알음 알음 유통되거나 특정인들이 독점하던 취업정보 를 인터넷을 통해 처음으로 개방형으로 바꿨다. 취 업포털이라는 장르를 만들었다"라며 이같이 밝혔 다. 이어 "이젠 '인크루트웍스', '뉴워커', '고사장' 등 서비스를 앞세워 국내 인적자원(HR) 시장을 선도할 것"이라고 덧붙였다.

서 대표가 인크루트를 창업한 배경에는 1997년 외 환위기(IMF)가 있었다. 연세대학교 대학원에서 정치학을 전공한 그는 지난 1997년 한화경제연구원에 입사하며 사회인으로서 첫발을 내디뎠다. 하지만 연구원으로 활동한 지 얼마 되지 않아 외환위기가 불어닥치고 명예퇴직 칼바람이 불었다.

서 대표는 당시를 회고하며 "퇴직을 앞두고 새로운 직장을 찾아보려 하니 마땅히 취업정보를 알 수 있는 곳이 없었다. '세상에 나를 도와주는 사회 주체가 없구나'하는 생각마저 들었다"라며 "이는 반대로 취업정보를 쉽게 알 수 있는 채널이 있으면 어떨까 하는 아이디어로 이어졌다. 때마침 인터넷이 한창 보급 중인 상황이었다"라고 말했다.

서 대표는 곧바로 당시 친구였던 이광석 현 인크루트 이사회 의장을 찾아갔다. 이 의장은 당시 검색엔진 관련 주요 기업과 협력할 정도로 인터넷 분야에서 내로라하는 전문가였다. 그렇게 서 대표와 이 의장이 의기투합해 1998년 6월 업계 첫 취업포털

'인크루트'를 출시했다. 서 대표와 이 의장은 현재 부부 사이다.

서 대표는 창업한 이후 오랜 기간 최고운영책임자(COO)로서 회사 내부 관리를 비롯해 외부 영업, 마케팅 등에 주력했다. 최고경영자(CEO)는 이 의장 몫이었다. 오랜 기간 이러한 체제가 이어지다가 지난 2018년 서 대표가 이 의장과 바통 터치한 뒤 CEO 자리에 올랐다.

서 대표는 "창업 후 20년 동안 전에 없던 취업포털 시장을 개척했다는 선두기업 이미지가 이어졌다. 이는 여전히 자부심으로 남아 있다. 하지만 그동안 경쟁업체들이 진입한 뒤 투자가 이어졌고 어느 사이 매출액 등 규모에서 우리 회사를 넘어섰다"라며 "변화가 필요한 시기에 이 의장과 협의 끝에 CEO를 맡게 됐다"라고 말했다.

서 대표는 CEO에 오른 뒤 20년 전 창업할 당시 만든 사명을 다시 한번 들여다봤다. 문구에는 '일과 사람을 연결하는 기회를 제공하여 모든 사람이 행복한 세상을 만든다'라고 적혀 있었다. 그는 고심 끝에 단어 하나를 바꿨다. '기회'를 '기술'로 대체한 것이다.

서 대표는 "회사가 계속 이익을 내고 매출이 늘어

나는 게 중요했다. 이를 위해 CEO 취임 초기에는 영업, 마케팅에 주력했다. 아울러 고객이 필요로 하는 기술을 만들어야겠다고 판단했다"라며 "취임 2년째부터 5년 동안 준비한 끝에 인크루트웍스와 뉴워커, 고사장 등 새로운 서비스를 차례로 선보일 수 있었다"라고 말했다.

우선 인크루트웍스는 기업 인사담당자를 위한 서비스형 소프트웨어(SaaS) 방식 채용솔루션이다. '코로나 팬데믹'으로 인한 기업들의 채용중단을 극복하기 위해 업계 최초로 모든 전형과정을 디지털로 전환했다. 인크루트웍스는 채용홈페이지부터 채용관리, 인터뷰, 채용검사, 시험감독, 평판조회 등 다양한 평가도구를 함께 제공한다.

뉴워커는 기업주문형 초단기근로자(긱워커)를 위한 플랫폼이다. 서 대표는 "과거 풀타임 근로자 위주였던 노동시장이 긱워커를 중심으로 빠르게 재편된다"라고 말했다. 뉴워커는 기업들의 긱워커 모집과 선발, 평가, 정산을 자동화했다. '노쇼'를 방지하기 위한 노쇼 방지시스템을 도입해 성과를 거두고 있다. 직원채용 부담을 줄이려는 기업과 취업을 하지 않으려는 개인 트렌드에 부합한 플랫폼으로 노동시장에서 새로운 성공모델로 자리 잡고 있다.

고사장은 온라인 테스트 플랫폼이다. 노동시장에 공급되는 인재 선발과 검증에 필요한 인프라를 디지털화한 것이다. 고사장은 모든 시험을 온라인에서 원활하게 응시하고 관리할 수 있는 환경을 제공한다.

서 대표는 "중장기 계획을 통한 그간 시도들이 불황 등 위기에 대응할 수 있을 것이라고 믿었다. 취임 이후 매출액 성장을 통해 이를 증명할 수 있었다"라고 말했다.

그는 회사 직원을 위한 복리후생에도 많은 신경을 쓴다. 실제로 인크루트는 주2일 재택근무를 실시한다. 특히 연구·개발(R&D), 디자인, 기획 등 직군은 주5일 재택근무가 가능하다. 이들 직군은 사실상 출근할 필요가 없는 셈이다. 업무 특성상 회사로의 출근이 불가피한 직군은 출퇴근 시간을 유연하게 조정할 수 있도록 완전 선택적 근로제를 적용한다.

서 대표는 "직원들의 의견을 받아들여 지난 2021년 본사를 서울 중구 계동에서 중림동으로 이전하기도 했다. 현재 본사는 서울역 인근에 있어 직원들이 출퇴근하기 수월하다"라며 "앞으로도 채용시장을 선도하는 기업으로서 직원 복리후생을 계속 고민하고 실천할 것"이라고 덧붙였다.

"
혁신에 신뢰를 더해 세계적인 장비회사로 성장할 것입니다.
"

주성엔지니어링
황철주 회장

'혁신 전도사'
"혁신에 신뢰를 더해 세계적인 장비회사로 성장할 것입니다."

주성엔지니어링 황철주 회장은 '혁신 전도사'로 유명하다. 회사 안에서나 밖에서나 늘 혁신을 강조한다. 실시간 모든 정보가 공유되는 4차산업 시대에는 기업들이 그동안 없던 혁신 기술을 발 빠르게 만들어내야만 생존과 함께 성장을 이어갈 수 있다는 게 그의 지론이다.

국내 대표적인 벤처기업가인 황 회장은 인하대 전자공학과를 졸업한 뒤 외국계 반도체 장비회사에서 연구원으로 사회에 첫발을 내디뎠다. 당시 삼성전자, 현대전자 등 국내 기업들이 반도체 분야에 뛰어들어 투자를 이어가는 상황이었다. 하지만 정작 반도체를 만드는 장비는 전량 수입에 의존해야 했다.

황 회장은 "국내 기업들이 반도체 분야에 투자할 자본은 어느 정도 있었지만, 기술이 없는 상황에서 시작해야 했다"라며 "이런 이유로 반도체 장비 역시 전량 외산에 의존해야만 했다"라고 당시 상황을 돌이켰다.

이에 황 회장은 독자적인 기술로 반도체 장비를 만들어보겠다는 각오로 지난 1993년 창업 전선에 뛰어들었다. 황 회장이 이끄는 주성엔지니어링은 반도체 커패시터 전용장비를 업계 최초로 선보이며 주목을 받았다.

그는 "메모리반도체는 커패시터와 트랜지스터를 조합해 만든다. 하지만 이전까지 커패시터는 트랜지스터 장비로 만들었다"라며 "커패시터 전용장

성공을 부르는 CEO 이야기

비를 만들고 보니 세상에 경쟁자가 없었다. 창업 초기부터 회사가 빠르게 성장할 수 있었던 이유"라고 설명했다.

황 회장은 반도체 장비 사업을 안착시킨 뒤 디스플레이, 태양광 장비 분야에 잇달아 진출했다. 특히 디스플레이 공정에 쓰이는 플라즈마 화학증착장비(PE CVD)는 LG디스플레이를 비롯해 중국, 대만 등 국내외 유수 디스플레이 업체들과 활발히 협력한다.

황 회장이 걸어온 길은 순탄치만은 않았다. 지난 2011년 당시 태양광 시장이 침체를 보였다. 여기에 액정표시장치(LCD) 시장 역시 성숙기에 접어들면서 전방산업 투자가 감소했다. 엎친 데 덮친 격으로 반도체까지 불황에 진입했다. 2012년에는 매출액보다 손실이 컸다. 황 회장은 이 시기를 창업한 뒤 가장 힘들 때로 기억한다.

하지만 황 회장은 적자 속에서도 혁신을 위한 연구·개발(R&D) 투자를 지속했다. 이 기간 동안 반도체에선 '시공간 분할 장비' 등 차세대 제품을 선보였다. 디스플레이는 LCD에 이어 떠오르는 유기발광다이오드(OLED) 장비 분야로 주력을 전환했다. 결국 주성엔지니어링은 3년 만인 2015년 실적이 턴어라운드하며 위기에서 벗어날 수 있었다. 이후 반도체와 디스플레이, 태양광이 고르게 실적을 냈던 지난 2022년에는 매출액이 4,379억 원에 달했다.

황 회장은 더 크게 도약하기 위한 채비도 갖췄다. 먼저 2020년에는 경기 용인에 부지 2만 6,000㎡ 규모로 R&D센터를 구축했다. 특히 R&D센터에는 R&D 장비와 클린룸 인프라 등을 포함해 1조 원에 달하는 금액을 투입했다. 2022년 9월엔 경기 광주에 800억 원가량을 들여 2만 2000㎡ 규모로 본

사를 겸한 제조사업장인 광주캠퍼스도 완공했다.

황 회장은 "그동안 광주 본사에 생산동, R&D동 등 총 10개 동을 운영했다. 이를 용인R&D센터에 이어 광주캠퍼스 가동을 통해 2곳 거점으로 재편한 것"이라며 "광주캠퍼스는 장비 생산능력과 효율성이 직전보다 10배 정도 확대했다. 글로벌 장비회사로 도약할 수 있는 준비를 마쳤다"라고 평가했다.

황 회장은 태양광 장비에 큰 관심을 보인다. 이와 관련, 환경변화로 인해 각국에서 태양광 투자 계획을 앞당기는 추세다. 이를 겨냥해 황 회장은 새로운 태양광 기술인 'HJT'(Hetero Junction Technology) 장비의 상용화에 주력한다. 이 기술을 적용하면 양면 발전을 통해 발전전환효율(빛을 받아 전기로 바꾸는 효율)을 높일 수 있다. 공정도 단순해 제조원가도 획기적으로 줄일 수 있다.

황 회장은 그동안 확보한 반도체 증착, 디스플레이 대면적 기술을 기반으로 HJT에 '페로브스카이트' 기술을 융·복합해 35% 이상 발전전환효율이 가능한 장비를 선보일 계획이다.

특히 황 회장은 최근 산업 패러다임을 획기적으로

전환시킬 수 있는 3-5족 화합물 반도체 양산 기술을 세계 최초로 선보이며 주목을 받는다. 반도체 산업은 웨이퍼(원판) 위 회로선폭이 나노미터(㎚, 10억분의 1m) 단위까지 미세화하고 있다. 이에 실리콘 웨이퍼 위에서의 회로선폭 미세화는 더 이상 생산성과 수익성을 크게 증가시킬 수 없는 기술적 한계에 다다랐다.

황 회장은 "3-5족 화합물은 기존 반도체 주원료인 실리콘을 주기율표상 3족과 5족에 해당하는 원소를 결합한 물질로 대체한 것"이라며 "물질 특성상 별도의 공정 미세화를 거치지 않아도 반도체 본래 기능을 최대한 구현할 수 있다는 장점이 있다"라고 말했다.

이어 "100가구 단독주택들이 있는 마을을 100가구가 있는 아파트 한 개 동으로 만들 수 있는 혁신 기술"이라며 "해당 기술은 반도체 산업에 국한하지 않고 태양광, 디스플레이 산업에도 확대 적용할 수 있어 차세대 반도체와 태양광, 디스플레이 산업에 게임체인저가 될 수 있다"라고 강조했다.

벤처기업협회장을 지낸 황 회장은 후배 벤처기업가들을 위한 조언도 잊지 않는다. 그는 "누구나 창업을 하면 기업가로 출발한다. 하지만 이후 사업가로서의 역량도 갖춰야 한다"라며 "세상은 공정과 정의로만 움직이지 않는다. 관계와 기득권이 있음을 명심해야 할 것"이라고 덧붙였다.

한편 황 회장은 미래 인력 양성을 위해 일운과학기술재단을 운영한다. 일운과학기술재단은 '한 사람을 맡아 정성을 다해 키운다'라는 의미를 담아 지난 2005년 황 회장이 사재 50억 원을 출연해 설립했다. 일운과학기술재단은 창의력과 세계화, 논리적 사고 등 10여 개 항목 심사와 면접을 거쳐 매년 장학생을 선발한다.

"
메모리반도체
틈새시장 공략.
"

제주반도체
박성식 대표

'메모리반도체 틈새시장 공략'

D램과 낸드플래시 등 메모리반도체 하면 흔히 삼성전자, SK하이닉스를 먼저 떠올리곤 한다. 하지만 이들 기업이 하지 않는 저용량·저전력 메모리반도체 분야에서는 제주반도체가 전 세계 시장에서 두각을 보인다.

제주반도체 창업자 박성식 대표의 첫 직장은 삼성전자였다. 일본에서 대학을 나온 그는 삼성전자에 입사한 후 일본 주재원으로 활동했다. 1990년대 당시만 해도 글로벌 전자산업을 주도했던 일본. 현지에 있으면 북미와 유럽 등 선진 반도체 동향을 쉽게 파악할 수 있었다.

그러던 중 박 대표는 특이한 점을 발견할 수 있었다. 한국과 일본, 미국이 주도하는 메모리반도체 시장. 여기에 대만 중소기업들이 다수 진입해 활발히 활동하고 있었던 것. 이들 업체는 반도체 개발만을 전문으로 하고 생산은 외주에 맡기는 팹리스 업체들이었다.

팹리스는 공장 없이 반도체 개발만을 전문으로 하는 반도체 연구·개발(R&D) 중심 회사를 말한다. 대기업이 '소품종 대량생산'인 고용량 메모리반도체에 주력하는 반면, 대만 팹리스 업체들은 대기업이 채산성이 맞지 않아 만들지 않는 '다품종 소량생산'인 저용량 제품에 주력했다. 이렇듯 대만 팹리스 업체들이 활동하는 저용량 메모리반도체 시장을 파악해보니 전체 메모리 중 15% 수준이었다.

박 대표는 "당시에도 우리나라 메모리반도체 연구진이 대만 등 해외 연구진보다 훨씬 우수했다"라

성공을 부르는 CEO 이야기

며 "국내에서 연구진을 확보해 메모리반도체 팹리스 사업을 하면 승산이 있겠다는 확신이 들었다" 라고 창업을 결심한 배경을 설명했다.

메모리반도체 틈새시장을 확인한 박 대표는 국내로 돌아와 2000년 창업의 길로 들어섰다. 당시에도 한국은 전 세계 메모리반도체 시장 1위를 내달렸던 덕에 관련 연구진을 확보하는 일은 어렵지 않았다. 운도 따라줬다. 당시 휴대폰 업계 1위인 노키아와의 거래가 성사된 것. 그 결과 제주반도체는 창업 4년 만인 2004년에 매출액이 814억 원에 달했다. 이듬해엔 코스닥에도 상장했다.

하지만 이후 주요 거래처였던 노키아가 휴대폰 시장에서 쇠락하면서 제주반도체 역시 큰 어려움을 겪었다. 실적 만회를 위해 나섰던 '우드펠렛'(목질계 바이오원료)과 태양광 등 신사업들은 모두 신통치 않았다. 박 대표는 다시 주력인 메모리반도체에서 살길을 모색했다. 휴대폰뿐 아니라 다양한 분야에 쓰이는 메모리반도체를 만드는 한편, 거래처 역시 노키아에 이어 여러 곳으로 확대하기 위해 동분서주했다.

그 결과 제주반도체 거래처는 현재 수백 곳으로 확대했다. 메모리반도체 제품도 200개 이상으로 늘어났다. 제주반도체는 2017년에 매출액 1,170억 원을 올리면서 사상 처음 1,000억 원 이상을 달성했다. 매출액은 이듬해 1,530억 원으로 늘어났다.

제주반도체 메모리반도체 제품은 세계일류상품에 선정되기도 했다. 2024년 산업통상자원부, 대한무역투자진흥공사(코트라)가 주관한 세계일류상품에 제주반도체 메모리반도체가 이름을 올렸다. 세계일류상품은 세계 시장 5위 이내, 시장점유율 5% 이상에 포함한 제품 중 선정한다. 제주반도체가 보유한 메모리반도체 기술력과 글로벌 시장

성공을 부르는 CEO 이야기

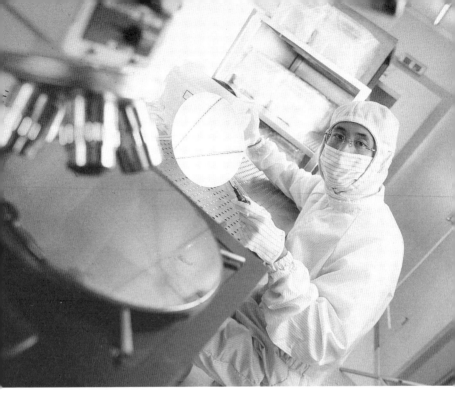

에서의 경쟁력을 인정받은 결과였다.

박 대표는 5G 사물인터넷(IoT) 메모리반도체에
큰 기대를 걸고 있다. 그는 "챗GPT 이후 전 세계
각국에서 데이터센터 등 5G 인프라 투자에 박차
를 가하면서 5G 사물인터넷 메모리반도체 비중이
매년 늘어나는 추세"라고 말했다.

제주반도체는 세계 최대 통신용 반도체 업체인 미국 퀄컴으로부터 5G 사물인터넷 칩셋에 들어가는 메모리반도체 인증을 받았다. 관련 인증을 받은 업체는 현재까지 제주반도체와 미국 마이크론 등 일부에 불과하다.

박 대표가 주목하는 또 다른 분야는 자동차용 메모리반도체다. 실제로 제주반도체는 2024년 유럽에 본사를 둔 자동차 전장업체와도 거래 물꼬를 트면서 관련 사업을 확대할 수 있는 계기를 마련했다. 제주반도체 매출액 중 자동차 부문 역시 매년 꾸준히 증가한다.

박 대표는 '지능형 메모리' 등 회사가 지속 성장하기 위한 미래 사업 전략도 밝혔다. 그는 "앞으로 메모리반도체에 시스템반도체(비메모리)를 결합한 지능형 메모리 수요가 늘어 날 것"이라며 "이를 위해 국내 유수 대학과 산학 협력을 통해 지능형 메

성공을 부르는 CEO 이야기

모리인 'PIM'(Processing In Memory) 상용화에 박차를 가하고 있다"라고 말했다.

한편 박 대표는 미래 인재 육성을 위해 제주대와 장학금 지급과 함께 산학협력, 취업 연계 등 활발한 협력을 이어가고 있다. 제주반도체는 2024년 초 제주대 공과대학 전자공학과 학생 10명에 총 2,500만 원 장학금을 전달했다. 제주대 장학금 후원은 2024년까지 19년째 진행했다.

"
30년 이상 축적한 정밀가공 기술을 항공우주 등 다양한 분야로 확대할 계획입니다.
"

지아이텍
이인영 회장

'정밀가공 글로벌 수준'

"30년 이상 축적한 정밀가공 기술을 항공우주 등 다양한 분야로 확대할 계획입니다."

이인영 지아이텍 회장은 "현재까지 정밀가공 부품과 장비를 이차전지와 수소전지, 디스플레이에 적용 중인데, 이를 반도체와 항공우주, 바이오 등에도 적용할 것"이라며 이같이 밝혔다.

충남 아산테크노밸리에 본사를 둔 지아이텍은 이차전지, 수소전지 '슬롯다이'를 비롯해 디스플레이 '슬릿노즐' 등 정밀부품에 주력한다. 특히 이차전지에서 양극재, 음극재를 머리카락 20분의 1 굵기인 마이크로미터($\mu\mathrm{m}$, 100만분의 1m) 수준으로 정밀하게 입히는 장치인 슬롯다이 분야에서 LG

에너지솔루션과 SK온, 삼성SDI 등 국내 이차전지 '빅3' 업체들과 활발히 거래한다.

이 회장은 1977년 한 금형업체에 입사한 뒤 금형 엔지니어로 활동했다. 이후 독자적인 금형 기술을 사업화하기 위해 1990년 지아이텍 전신인 오성정 밀을 창업했다. 금속·비금속 연삭 기술 특허 등 특허를 다수 확보하며 기술력을 쌓아가던 이 대표에게 1997년 외환위기(IMF)는 위기이자 기회였다.

이 회장은 "외환위기 이전까지 디스플레이 부품은 대부분 일본 등 외산에 의존했다"라며 "외환위기 이후 수입하는 부품 단가가 천정부지로 치솟으면서 디스플레이 업체들이 부품 국산화에 관심을 두기 시작했다"라고 말했다.

이 과정에서 이 회장은 디스플레이 유리기판 위에 감광액을 정밀하게 입히는 부품인 슬릿노즐을 국

성공을 부르는 CEO 이야기

산화할 수 있었다. 이 대표는 현재까지 국내 유수 디스플레이 업체에 슬릿노즐을 활발히 공급한다.

디스플레이 슬릿노즐에서 확보한 정밀가공 기술은 곧바로 이차전지 슬롯다이로 이어질 수 있었다. 디스플레이에서 감광액을 유리기판 위에 정밀하게 입히는 기술은 이차전지 양극재, 음극재 도포(코팅)에도 적용이 가능했던 것이다.

이 회장은 "디스플레이에 이어 이차전지 분야에서도 국내 업체들이 전 세계 시장을 주도하면서 양극재, 음극재 도포에 쓰이는 슬롯다이를 자연스럽게 LG에너지솔루션과 SK온, 삼성SDI 등에 공급할 수 있었다"라고 말했다.

디스플레이 부품에 이차전지 부품 실적이 더해지면서 지아이텍 매출액 역시 2019년 125억 원에서 이듬해 172억 원, 2021년 195억 원 등 꾸준히 증가했다. 2021년에는 코스닥 시장에도 상장했다.

디스플레이와 이차전지 부품에서 확보한 정밀가공 기술은 장비 분야에도 적용이 가능했다. 실제로 지아이텍은 2021년 중국 샨샨그룹과 편광필름 코팅 장비 납품 계약을 체결하며 장비 분야로 사업 영역을 확장할 수 있었다.

이어 2022년에는 코멤텍에 수소연료전지 분리막

성공을 부르는 CEO 이야기

코팅 장비를 공급했다. 그리너지와 이차전지 건식 전극장비를 상용화하기 위한 협력도 진행 중이다. 이렇듯 부품에 이어 장비 실적이 더해지면서 2022년 매출액은 전년보다 2배 이상 증가한 396억 원에 달했다.

이 회장은 "샨샨그룹, 코멤텍 등에 공급한 장비들이 현재 안정적으로 가동하면서 장비 사업에 대한 자신감도 얻을 수 있었다"라고 말했다.

특히 2024년 말에는 머신비전 기술을 보유한 엠브이텍을 인수했다. 엠브이텍은 이인영 회장과 함께 지아이텍 각자대표를 맡고 있는 이상권 사장이 대표이사로 활동 중이다.

이 회장은 "엠브이텍이 보유한 머신비전 소프트웨어 기술과 관련 장비 제작 기술을 활용해 최근 시작한 물류자동화로봇 부분에서 하드웨어와 소프트웨어 간 시너지효과를 낼 것"이라고 말했다.

 이 회장은 나아가 충남 북부 BIT 산업단지에 3만 3,000㎡ 규모로 부지를 확보 2026년 중 신사옥을 완공할 예정이다. 신사옥은 성환역과 평택역, 향후 신설하게 될 복모역 등 접근성이 좋아 인재 확보에 유리할 것으로 예상된다.

이 대표는 "신사옥을 완공한 뒤 아산 1·2공장과 청주 공장 등을 천안 신사옥으로 통합하면 임직원 간 소통 등에서 유리할 것"이라며 "아울러 생산 능력은 현재보다 5배 정도 늘어날 것으로 예상한다"라고 밝혔다.

이 회장은 향후 해외 시장 개척에도 더욱 적극적으로 나설 방침이다. 실제로 지아이텍은 2024년 미국 시카고에 현지 법인을 설립했다. 추가로 미국 인디애나폴리스 지역에 공장을 추진 중이다. 이 회장은 향후 미국 현지에서 완제품까지 생산할 수 있도록 준비할 방침이다.

이 회장은 "회사가 더욱 성장하기 위해 반드시 글로벌 시장으로 가야만 한다. 북미와 유럽 등 해외 각지에 거점을 두고 현지 거래처 확보에 주력할 것"이라며 "반도체와 수소연료전지 등 신사업을 강화하기 위한 추가적인 인수·합병(M&A)도 적극 검토할 것"이라고 덧붙였다.

"

반도체에 이어 디스플레이, 이차전지로 장비 영역을 확장하고 있습니다.

"

저스템

임영진 대표

'반도체 습도제어 1위'

"반도체에 이어 디스플레이, 이차전지로 장비 영역을 확장하고 있습니다."

임영진 대표가 이끄는 저스템은 반도체 공정에서 습도를 제어하는 장치로 현재 전 세계 관련 시장 80% 이상을 점유했다. 여기에 디스플레이 정전기 제어 장비, 이차전지 '롤투롤'(Roll to Roll) 장비 등 신사업에서 성과가 이어진다.

인하대에서 금속공학 박사 학위를 받은 임 대표 는 삼성전자 R&D센터 팀장으로 반도체 연구·개 발과 함께 제조공정을 개선하는 등 활동을 이어갔 다. 이후 반도체 장비기업 주성엔지니어링으로 이 동한 뒤 수석부사장으로 일했다. 이렇듯 그는 지난

2016년 저스템을 창업하기 전까지 40년 가까이 반도체 분야 전문가로 활동했다.

임 대표가 창업을 결심하게 된 계기는 '습도'였다. 10년 전만 해도 반도체 공정에서 습도는 문제가 되지 않았다. 반도체를 만드는 청정공간인 클린룸 안에 있는 먼지를 제어하는 것이 관건이었다. 하지만 반도체 회로선폭이 10나노미터(nm, 10억분의 1m) 이하로 미세해지면서 먼지뿐 아니라 클린룸 안에 존재하는 습도가 반도체 수율(불량률의 반대)을 떨어뜨리는 원인으로 지목됐다.

임 대표는 "반도체 회로선폭이 미세화하는 과정에서 대기 중에 존재하는 45% 정도 습도가 반도체 수율에 치명적인 영향을 미친다는 사실을 확인했다. 이에 대한 학습과 함께 해결을 위한 솔루션을 확보하는 데 힘을 쏟았다"라며 "앞으로도 반도체 회로선폭은 더욱 미세화할 것이고 이에 따른 수율

성공을 부르는 CEO 이야기

문제는 계속 제기될 것으로 예상하고 창업에 도전했다"라고 밝혔다.

오랜 기간 반도체 분야에 종사해온 덕에 임 대표는 저스템을 창업한 지 얼마지 않아 임직원들과 함께 1세대 습도제어 솔루션 '엔투퍼지'(N2PURGE)를 만들 수 있었다. 이는 반도체 웨이퍼(원판)를 보관하는 장치인 '풉'(FOUP) 내부에 질소를 주입한 뒤 순환시켜 웨이퍼 표면에 있는 수분과 함께 이물질을 제거하는 방식이었다.

저스템이 선보인 엔투퍼지는 입소문을 타고 국내 유수 반도체 업체뿐 아니라 일본과 대만, 싱가포르 등 해외 시장까지 빠르게 수출됐다. 그 결과, 저스템은 현재 반도체 습도제어 장치 분야에서 전 세계 시장 80% 이상을 점유한다.

임 대표는 "반도체 공정에서 수분이 문제가 될 것이라는 점을 몇몇 회사들이 관심을 갖고 있었다. 하지만 아직 본격적인 시장이 형성되지 않았던 시기"라며 "우리가 이 문제를 해결할 수 있다는 자신감을 갖고 과감하게 도전한 결과 관련 시장을 석권할 수 있었다"라고 돌이켰다.

임 대표는 반도체에 이어 디스플레이 분야로 눈을

성공을 부르는 CEO 이야기

돌렸다. 디스플레이 공정에서는 습도가 아닌 정전
기가 문제였다. 일례로 유기발광다이오드(OLED)
공정에서 정전기가 발생하는데 이로 인해 유리기
판 절연이 파괴되거나 증착 성능이 저하된다. 이는
결국 OLED 수율을 떨어뜨리는 원인이 된다.

임 대표는 "이온소스를 활용해 디스플레이 공정에
서 발생하는 정전기를 없애는 '고진공 이오나이저
시스템'(VIS, Vacuum Ionizer System)을 만들어
LG디스플레이에 공급하는 성과를 거뒀다"라며
"고진공 이오나이저 시스템 역시 세계 최초로 만
든 제품으로 저스템이 원천 기술을 보유했다"라고
강조했다.

여기에 저스템은 이차전지 장비를 추가했다. 특히
이차전지 공정 전체에서 30% 정도 차지하는 핵심
인 롤투롤 장비 분야에 진출했다. 이는 알루미늄
박, 동박을 회전하는 롤에 감으면서 양극활 물질

등 필요한 물질을 입히는 기능을 한다. 저스템 롤투롤 장비는 전극을 연속적으로 가열해 수분과 불순물을 제거해 성능을 재고할 수 있다.

태양광 장비는 인수·합병(M&A)을 통해 진출했다. 저스템은 2022년 플라즈마 전문기업 플람을 인수했다. 플람은 상압에서 60도 이하 저온을 형성해 수율을 높일 수 있는 기술을 보유했다. 플람은 이 기술을 적용한 태양광 표면처리 장비를 이미 미국 업체에 수출한 이력이 있다.

임 대표는 2세대 반도체 습도제어 솔루션 'JFS'(Justem Flow Straightener)에 큰 기대를 걸고 있다. 엔투퍼지가 습도를 5% 수준으로 제어한다면 JFS는 이를 1% 이하로 낮출 수 있다. 저스템은 JFS를 2024년 1월 열린 세미콘코리아 전시회에서 처음 공개했다. JFS 출하량은 2024년 말 기준 500대 이상을 기록했다.

성공을 부르는 CEO 이야기

임 대표는 "엔투퍼지가 2016년 이후 반도체 공정에서 하나의 표준으로 자리 잡은 것처럼 JFS 제품 역시 표준이 될 것으로 기대한다"라며 "반도체뿐 아니라 디스플레이, 이차전지, 태양광 장비에서도 한 단계 진보를 이뤄 글로벌 장비회사로 성장할 것"이라고 밝혔다.

저스템이 짧은 회사 연혁에도 불구하고 엔투퍼지, JFS 등 세계 1등 제품을 2개나 출시할 수 있었던 배경에는 연구·개발 분야에 투자를 집중한 임 대표의 열정이 있었다는 평가다. 실제로 저스템은 지난 6년 동안 300건 이상 특허를 출원했다. 그 결과 2024년 대한민국 기업연구소 중 3대 최우수 기술 연구소로 선정됐다. 같은 해 11월에는 '고진공 이오나이저' 기술로 장영실상을 수상하기도 했다.

임 대표는 "회사가 성장하는 과정에서 직원도 성장하고 가족 역시 행복을 누릴 수 있는 '직원과 그

가족이 행복한 회사'라는 비전도 실현할 것"이라
고 덧붙였다.

"
과거 차량용 반도체 투자에 대한 우려가 있었지만 결국 정답이었습니다. 지금 우리가 하는 투자 역시 정답일 것입니다.
"

텔레칩스
이장규 대표

'차량용 반도체 강자'
"과거 차량용 반도체 투자에 대한 우려가 있었지만 결국 정답이었습니다. 지금 우리가 하는 투자 역시 정답일 것입니다."

이장규 대표가 이끄는 텔레칩스는 차량용 '인포테인먼트'(정보와 엔터테인먼트 합성어) 프로세서 분야 강자다. 프로세서는 각종 전자기기 안에 들어가 두뇌 역할을 하는 반도체 일종이다. 그는 이어 첨단운전보조시스템(ADAS) 비전프로세서, 인공지능(AI) 가속기 등 다양한 차량용 반도체 제품군을 갖추고 머지않아 열리게 될 자율주행 시대에 대비한다는 전략이다.

반도체 연구원 출신인 이 대표는 두 번의 창업과

함께 두 번의 기업공개(IPO)를 일궜다. 서강대 전자공학과를 졸업한 이 대표는 지난 1988년 삼성전자에 반도체 연구원으로 입사하며 사회 첫 발을 내디뎠다. 삼성전자에서 5년 동안 내공을 쌓은 그는 함께 일하던 동료들과 함께 지난 1993년 씨앤에스(현 아이에이)를 공동 창업했다.

씨앤에스는 국내 1세대 팹리스 회사로 기록됐다. 팹리스는 반도체 개발만을 전문으로 하고 생산은 외주에 맡기는 형태로 사업을 운영한다. 전 세계 AI 반도체 시장을 장악한 미국 엔비디아가 대표적이다. 팹리스 기업들은 대만 TSMC 등 파운드리 업체들에 반도체 제품 생산을 맡긴다.

이 대표는 씨앤에스에서 연구·개발(R&D)을 주도하며 '페이저(삐삐)'용 프로세서를 국산화하는 등 성과를 올렸다. 이를 앞세워 씨앤에스는 2000년 코스닥 시장에 상장했다.

이 대표는 또 다른 도전을 위해 씨앤에스 지분 20%가량을 모두 정리한 뒤 1999년 텔레칩스를 공동 창업했다. 그는 "당시 공동대표 자리를 고사하고 연구소장(CTO), 영업본부장을 맡아 내실을 책임졌다"라며 "수장이 여럿일 경우 빠른 의사결정과 추진이 어려울 수 있다는 판단에서였다"라고 당시 상황을 돌이켰다.

이 대표는 텔레칩스에서 프로세서 개발과 함께 거래처 확보에 주력했다. 그 결과 텔레칩스는 MP3 플레이어 등 모바일용 프로세서에서 강세를 보이며 창업한지 5년 만인 2004년 코스닥 시장에 진입할 수 있었다. 2008년에는 매출액 892억 원을 기록하며 1,000억 원 돌파도 눈앞에 뒀다. 텔레칩스는 MP3플레이어용 프로세서 분야에서 전 세계 시장 3위까지 이름을 올렸었다.

하지만 승승장구하던 회사에 위기가 찾아왔다. 이

대표는 "모바일 트렌드가 피처폰에서 스마트폰으로 빠르게 전환했으며, 이 과정에서 MP3플레이어 기능이 스마트폰에 통합하면서 MP3플레이어용 프로세서 시장이 한순간에 사라졌다"라며 "결국 실적은 수년 동안 정체했고 회사 안에서 변화에 대한 요구가 컸다. 이를 내가 바꿔야 한다고 판단했다"라고 말했다.

오랜 기간 경영 전면에 나서지 않던 그는 2014년 대표이사 자리에 올랐다. 그는 취임한 뒤 그동안 주력해온 모바일용 프로세서 사업을 과감히 접었다. 대신 자동차용 프로세서에 올인하기로 결심했다.

이 대표는 "모바일용 프로세서 시장에서 쌓아온 경험을 자동차에 접목해봤다"라며 "모든 시장이 빠르게 디지털화하는 과정에서 상대적으로 자동차 시장이 더디게 발전하는데, 이는 우리에 기회가 될 것으로 판단했다"라고 말했다.

그의 예상은 적중했다. 종전 카오디오에 영상 등이 더해져 인포테인먼트 기기로 진화했다. 이 과정에서 텔레칩스는 인포테인먼트용 프로세서 분야에 선도적으로 진입할 수 있었다. 텔레칩스는 현재 현대자동차·기아에 들어가는 인포테인먼트용 프로세서 물량 중 65%가량을 점유한다.

텔레칩스는 현대자동차·기아에 이어 벤츠와 폭스바겐, 아우디, 도요타 등 해외 완성차 업체로 인포테인먼트용 프로세서 공급을 확대할 수 있었다. 이를 통해 텔레칩스는 현재 전 세계 인포테인먼트용 프로세서 시장에서 점유율 10.6%를 기록 중이다. 2023년 기준 매출액은 1,911억 원에 달했다.

텔레칩스는 실적 성장과 함께 '제2도약'을 위해 2023년 제2 판교테크노밸리에 신사옥을 완공한 뒤 서울 송파구 본사를 이곳으로 이전했다. 신사옥은 첨단 스마트빌딩으로 구축했다. 신사옥 안에 유

망한 벤처기업을 입주시켜 협력 관계도 이어간다. 아울러 인근 제1 판교테크노밸리에 위치한 거래처, 협력사들과의 긴밀한 관계도 이어간다.

이 대표는 '인포테인먼트용 프로세서 강자' 자리에 안주해서는 안 된다고 강조한다. 과거 MP3플레이어용 프로세서 시장이 갑자기 사라지면서 겪은 어려움이 언제든 또다시 찾아올 수 있기 때문이다. 그는 인포테인먼트용 프로세서에 이어 △ADAS 비전프로세서 △AI 가속기 △차량용 게이트웨이 칩 △마이크로컨트롤러유닛(MCU) 등 상용화를 추진 중이다. 이를 통해 차량용 반도체 토털솔루션을 구축한다는 전략이다.

아울러 차량용 프로세서에 D램, 전력용 반도체(PMIC) 등을 통합한 '시스템인패키지(SiP)' 사업도 추진 중이다. 현재까지 자동차에 적용 중인 반도체를 향후 로봇 등에 확대 적용할 계획도 세웠다. 텔레칩스는 향후 먹거리를 위해 매년 매출액 중 30%가량을 R&D에 투입한다.

이 대표는 "향후 '소프트웨어 중심 자동차(SDV)' 시대가 열리면 과거 스마트폰이 등장하며 마주한 위기를 또다시 겪을 수 있다"라며 "ADAS 비전프로세서를 포함한 4종 반도체 제품군을 더해 안정적인 실적 성장을 이어가기 위해 준비 중"이라고 강조했다.

"

반도체 공정에 있어 원자현미경은 '선택'이 아닌 '필수'입니다.

"

파크시스템스
박상일 대표

'원자현미경 1위'

"반도체 공정에 있어 원자현미경은 '선택'이 아닌 '필수'입니다."

박상일 파크시스템스 대표는 "불과 6년 전만 해도 반도체 공정에 '있으면 좋은 장비'였던 원자현미경이 지금은 '반드시 필요한 장비'로 인식이 바뀌었다"라며 이같이 밝혔다.

박 대표가 지난 1997년 창업한 파크시스템스는 사물을 나노미터(㎚, 10억분의 1m) 단위로 정밀하게 측정할 수 있는 원자현미경 사업에 주력한다. 광학현미경과 전자현미경 배율은 각각 수천 배와 수십만 배인 데 반해, 원자현미경은 수천만 배에 달한다. 원자현미경은 최근 반도체 회로선폭이 나노미터 단위로 미세화하면서 국내외 유수 반도체 기업들 사이에서 도입이 활발히 이뤄진다.

박 대표는 서울대 물리학과를 졸업한 뒤 미국으로 건너가 스탠퍼드대 대학원에서 응용물리학 박사 학위를 받았다. 그는 원자현미경 사업을 하게 된 계기를 묻자 "운이 좋았다"라고 답했다.

박 대표는 "스탠퍼드대에서 원자현미경 분야 석학인 캘빈 퀘이트 교수와 함께 관련 연구를 진행했다. 원자현미경 논문으로 박사 학위를 받은 뒤 자연스럽게 관련 아이템으로 창업에 나섰다"라고 말했다.

그는 지난 1988년 미국 실리콘밸리에서 원자현미경 업체를 창업했다. 당시 가정집에 월세로 들어간 뒤 자동차 2대 정도 주차할 수 있는 공간을 사업장으로 활용했다. 그가 창업한 피에스아이는 미국 현지에서 독보적인 원자현미경 기술력을 보유한 업

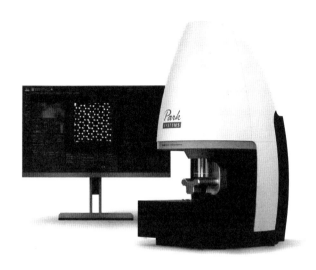

체로 성장했다.

그럼에도 불구하고 박 대표 마음속에는 시간이 지날수록 고국에서 사업을 하고자 하는 의지가 커져만 갔다. 결국 그는 피에스아이를 현지 업체에 매각한 뒤 한국으로 돌아와 파크시스템스를 설립했다.

하지만 원자현미경 분야 원천기술과 함께 자금력, 국내외 다양한 인맥을 보유했음에도 그가 한국에서 관련 사업을 안착하는 데는 오랜 시간이 걸렸

다. 국내에서 창업한 시점인 외환위기(IMF) 전후
우리나라 창업과 경영 환경은 미국 실리콘밸리와
비교해 인력과 자금 확보 등에 있어 턱없이 불리하
기만 했다.

예상외로 고전하던 박 대표에게 기회가 찾아왔
다. 세계 최대 반도체 연구기관인 벨기에 '아이
멕'(IMEC)으로부터 원자현미경을 도입하고 싶다
는 제의를 받은 것이다. 아이멕과 협력한 뒤 업계
에 소문이 나면서 파크시스템스 원자현미경을 원
하는 국내외 반도체 업체들이 빠르게 늘어났다.

그 결과, 파크시스템스는 지난 2015년 코스닥 시
장에 상장할 수 있었다. 이후 연평균 30% 매출액
성장이 이어졌다. 특히 2022년에는 매출액 1,246
억 원을 기록하며 창사 이래 처음 1,000억 원을 돌
파했다. 당시 영업이익률은 26%에 달했다. 파크
시스템스는 2023년 글로벌 반도체 경기 침체에도

성공을 부르는 CEO 이야기

불구하고 매출액 1,453억 원을 올리며 사상 최대 실적을 갈아치우기도 했다.

특히 박 대표가 이끄는 파크시스템스는 전 세계 원자현미경 시장 최강자로 우뚝 솟았다. 시장조사기관 QY리서치에 따르면 파크시스템스는 2023년 전 세계 원자현미경 시장 점유율 20.61%를 기록하며 2022년에 이어 2년 연속 업계 1위에 올랐다. 2024년에도 21.33% 점유율로 선두 자리 수성이 유력하다.

박 대표는 중장기적으로 원자현미경이 기존 전자현미경 시장만큼 성장할 것으로 예상했다. 원자현미경 시장은 현재 연간 6,000억 원가량이며, 전자현미경은 이보다 8배 정도 큰 5조 원 규모로 형성됐다. 전자현미경은 독일 자이스, 일본 히타치 등이 전 세계 시장을 과점한다.

그는 "그동안 반도체 공정에 적용돼 온 원자현미경이 최근 디스플레이, 전자부품 등 다양한 분야로 확대한다"라며 "특히 현재 전자현미경이 많이 쓰이는 바이오 분야를 주목하고 있다"라고 밝혔다.

이를 위해 박 대표는 글로벌 경영을 한층 강화할 계획이다. 실제로 파크시스템스는 유럽과 인도, 중국, 대만 등 현재 전 세계 11개국에 총 13개의 현지법인과 연락사무소를 설립해 운영 중이다. 원자현미경 생산 능력 확보와 우수 연구·개발(R&D) 인력 확충을 위해 경기 수원에 있는 본사를 2026년 초 과천 신사옥으로 이전할 예정이다. 과천 지식정보타운에 건설 중인 파크시스템스 신사옥은 총면적 2만 7,052㎡ 규모다. 또한, 지속적인 성장을 대비해 용인 반도체산업 단지에도 1만 3,223㎡ 생산시설 용지를 확보했다.

박 대표는 중장기적인 성장을 위해 인수·합병

성공을 부르는 CEO 이야기

(M&A) 전략도 구사할 방침이다. 실제로 파크시스템스는 지난 2022년 독일 계측장비 회사 아큐리온을 인수했다. 아큐리온은 '이미지 분광 타원계측'(ISE) 분야에서 독보적인 기술력을 보유했다.

박 대표는 "전 세계 원자현미경 시장에서 어느 정도 자리를 잡으면 인접 분야로 사업 영역을 확장할 계획"이라며 "이를 위해 회사 내 미래 사업개발부를 만들어 인수·합병 후보를 계속 물색 중"이라고 말했다.

"
자동차에 이어 인공지능(AI) 로봇 분야에서도 성과를 낼 계획입니다.
"

픽셀플러스
이서규 대표

'카메라의 눈, 이미지센서 승부'

"자동차에 이어 인공지능(AI) 로봇 분야에서도 성과를 낼 계획입니다."

이서규 픽셀플러스 대표는 디지털카메라에 들어가 눈 역할을 하는 반도체인 이미지센서에 주력한다. 이 대표는 그동안 모바일과 보안, 자동차 등 변화하는 트렌드에 맞게 이미지센서 적용 범위를 빠르게 전환하며 승부사 기질을 보여줬다. 이번에는 로봇 분야에 이미지센서를 적용하기 위해 준비 중이다.

이 대표가 이끄는 픽셀플러스는 전 세계 이미지센서 시장에서 삼성전자를 비롯해 일본 소니, 미국 온세미, 중국 옴니비전 등과 경쟁한다. 시장조사업체 IC인사이츠는 이미지센서 시장이 지난 2023년

193억 달러(약 26조 원)에서 오는 2026년 269억 달러(약 36조 원) 규모로 성장할 것으로 예상했다.

서강대 물리학과를 졸업한 이 대표는 1984년 LG 반도체에 입사한 뒤 반도체 연구원으로 근무했다. 그는 업무와 함께 학업도 병행하며 연세대 석사, 포항공대 박사 학위를 받았다. 학창 시절부터 사회 생활까지 '모범생'이었던 그에게 있어 지난 1999년 큰 변화가 찾아왔다.

이 대표는 "외환위기(IMF)로 인한 기업 간 구조조정 '빅딜'의 일환으로 LG반도체와 현대전자가 합병해 하이닉스(현 SK하이닉스)로 거듭났다"라며 "당시 변화가 큰 회사에서 벗어나 이미지센서 아이템을 앞세워 창업의 길로 들어섰다"라고 말했다.

대기업이라는 '온실'에서 벗어나 '야생'에 들어선 그에게 있어 창업 초창기는 혹독하기만 했다.

2000년 4월 회사를 설립할 당시 5억 원 정도 있던 창업자금은 6개월 만에 바닥을 드러냈다. 이미지센서 연구·개발(R&D)에 예상보다 많은 돈이 들어갔기 때문이다.

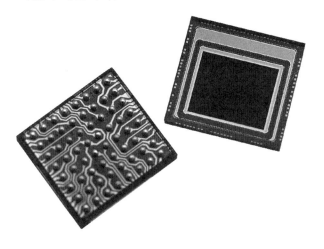

돌파구는 있었다. 이 대표는 "다행히 당시 산업통상자원부에서 부품소재산업 육성에 나섰고, 운이 좋게도 정부 과제 수주를 통해 27억 원을 조달할 수 있었다"라며 "이를 바탕으로 창업 2년째인 2002년 업계 최초로 '이미지시그널프로세서'(ISP)를 통합한 30만 화소 이미지센서를 선보

일 수 있었다"라고 말했다.

픽셀플러스가 선보인 30만 화소 이미지센서는 당시 휴대폰에 카메라 기능이 들어가는 트렌드와 맞물려 판매가 활발히 이뤄졌다. 특히 삼성전자 휴대폰 모델 '애니콜' 영상통화를 지원하기 위한 카메라에 픽셀플러스 30만 화소 이미지센서가 들어갔다.

이 대표는 "이후 '이효리 폰' 등에 추가로 130만 화소 이미지센서를 공급하며 회사 실적이 빠르게 증가했다"라며 "내친김에 2005년 미국 나스닥 시장에 회사를 상장시켰는데 이는 국내 기업 중 나스닥에 직상장한 첫 번째 사례로 기록됐다"라고 말했다.

하지만 나스닥 시장에 상장한 뒤 곧바로 위기가 찾아왔다. 모바일용 이미지센서 경쟁이 나날이 치열해지면서 회사 실적이 매년 하락했다. 매출액은 나스닥 시장에 상장한 그해 389억 원에서 3년 만인

2008년 161억 원까지 줄었다. 결국, 이 대표는 회사가 실적 악화로 2009년 나스닥 시장에서 상장 폐지되는 아픔을 겪어야만 했다.

위기는 기회의 또 다른 이름이었다. 이 대표는 나스닥 시장에 상장할 2005년 당시 확보한 자금을 바탕으로 CCTV 등 보안용 카메라에 들어가는 이미지센서 개발에 착수했다. 그 결과 3년 만인 2008년 보안용 이미지센서를 처음 선보일 수 있었다. 관련 제품은 2009년부터 국내외 시장에 팔려나가기 시작했으며, 그 결과 2013년 매출액과 영업이익 각각 1,494억 원, 464억 원을 올리며 회사가 완벽하게 부활했다.

이 대표는 "당시 일본 소니가 장악한 보안용 이미지센서 시장에 진입해 글로벌 시장 점유율을 35% 수준까지 끌어올리며 전 세계 1위 자리까지 올랐다"라며 "특히 2015년에는 코스닥 시장에 상장하

며 나스닥 시장 퇴출이란 아픔에서 벗어날 수 있었
다"라고 밝혔다.

이 대표는 모바일과 마찬가지로 보안용 이미지센
서 역시 향후 경쟁이 치열해질 것으로 예상하고 자
동차 시장으로 눈을 돌렸다. 자동차가 내연기관에
서 전기차·수소차 등으로 진화하는 과정에서 전장
중요성이 높아지고, 이 과정에서 카메라와 함께 이
미지센서 수요 역시 늘어날 것으로 전망했다.

이 대표는 "차량용 이미지센서 개발에 2012년 착
수한 이후 6년 만인 2018년에 자동차 후방카메라
용 30만 화소 이미지센서를 출시할 수 있었다"라
며 "회사 사업 구조를 모바일에서 보안, 다시 자동
차로 전환했다. 현재 회사 매출액 중 자동차가 차
지하는 비중은 90%에 달한다"라고 말했다.

이 대표는 후방카메라에 이어 전방·측방 카메라에

성공을 부르는 CEO 이야기

적용하기 위한 130만 화소, 300만 화소 이미지센서를 잇달아 출시한 뒤 현재 국내외 유수 완성차, 전장 업체들을 대상으로 프로모션을 진행 중이다. 그는 2025년 관련 제품 공급에 나서 수익성을 개선할 계획이다.

이 대표는 "2024년 경기 성남 제2 판교테크노밸리에 총면적 2만 1,926㎡ 규모로 신사옥을 짓고 입주를 마쳤다"라며 "신사옥에서 임직원과 함께 이미지센서 토털솔루션을 공급하는 글로벌 회사로 도약할 것"이라고 강조했다.

"

창업 이후
줄곧 품어온
'기업교육 세계 1위'
비전을 실현할 것
입니다.

"

휴넷
조영탁 대표

'기업교육 세계 1위 포부'

"창업 이후 줄곧 품어온 '기업교육 세계 1위' 비전을 실현할 것입니다."

조영탁 휴넷 대표는 2024년 미국 뉴욕에 지사를 설립하고 현지 기업교육 시장에 진출했다. 이를 통해 그동안 국내 시장에서 검증한 기업교육 프로그램을 미국을 비롯한 전 세계 각지에 알린다는 전략을 세웠다.

휴넷은 현재 연평균 7,000여 개 기업, 약 1,000만 명을 대상으로 교육을 진행하는 국내 대표적인 기업교육회사다. 2023년 기준 매출액은 859억 원에 달했다.

조 대표는 서울대 경영학과를 졸업한 뒤 1988년 금호그룹에 입사했다. 이후 금호쉘화학 등을 거쳐 그룹 회장비서실에서 근무했다. 당시 비서실에서 경영진에 그룹 발전을 위한 다양한 아이디어와 의견을 제시할 수 있었다. 사회생활을 하는 동안 서울대 경영대학원(MBA) 석사 학위와 함께 공인회계사 자격증을 취득하기도 했다.

하지만 1997년 외환위기(IMF)를 겪은 후 조직문화는 보수적으로 변해갔다. 조 대표는 "열정이 가득했던 30대 중반에 고민에 빠졌다"라며 "대기업에서 단계를 밟아 성공하는 것도 중요하지만, 자신만의 경영철학을 담은 회사를 만들고 싶다는 바람이 더욱 간절했다"라고 당시 상황을 돌이켰다.

결국 그는 금호그룹을 나와 1999년 휴넷을 창업했다. 휴넷은 출발부터 여느 교육기업과 달랐다. 통상적으로 학령인구를 대상으로 하는 교육기업이 아닌,

성공을 부르는 CEO 이야기

경영자와 직장인 등을 겨냥한 기업교육을 추구했다. 휴넷은 경영자와 직장인 등을 대상으로 경영지식을 온라인과 모바일 등을 통해 제공했다. 특히 2002년 국내 최초로 온라인 경영대학원 '휴넷 MBA'을 시작했다. 이어 기업 CEO 등 경영자를 위한 지식영상서비스 '휴넷 CEO'를 비롯해 학점은행 '휴넷평생교육원' 등 다양한 교육서비스를 운영했다.

휴넷은 기업교육이라는 틈새시장을 파고들어 꾸준히 성장할 수 있었다. 특히 지난 2019년 강사 매칭 플랫폼 '파인드강사'를 인수하며 온라인에 이어 오프라인 교육 시장에도 뛰어들었다.

그는 "기업교육에 있어 그동안 온라인 분야에서 자리를 잡았지만, 오프라인 부문은 늘 부족하다는 평가가 있었다"라며 "파인드강사를 인수하면서 진정한 온·오프라인 기업교육 강자로 도약할 수 있는 계기를 마련했다"라고 말했다.

조 대표는 창립 25주년을 맞은 2024년에는 '아레테 휴넷'을 선포하기도 했다. '아레테(Arete)'는 최상의 탁월함과 완벽함을 뜻한다. 매출과 이익 등 양적 성과, 인재와 문화 등 질적 성과를 비롯해 경영 모든 부문에서 탁월한 회사를 만들자는 그의 의지를 담아낸 문구다.

성공을 부르는 CEO 이야기

아레테 휴넷 선포와 함께 조 대표는 3대 신성장동력 △하이브리드 러닝 △경영자 시장 △리더십 사업을 주축으로 탄탄한 사업구조를 만든다는 계획을 세웠다. 그는 "회사가 2024년 기준으로 25살 평범한 청년이라면 이제부터는 손익 구조 리인벤팅을 통해 부유한 성인이 되기 위해 힘을 모을 것"이라며 "인재 육성과 기업 문화 리인벤팅을 통해 소수 정예로 탁월한 성과를 만들 것"이라고 강조했다.

조 대표가 이끄는 휴넷은 △주4일 근무제 △정년 100세 보장 △5년에 한 번 한 달간 유급휴가 △직원 행복기금 운영 등 파격적인 복리후생으로 유명하다.

특히 지난 2022년 하반기부터 매주 금요일이 공식 휴뮤일인 주4일 근무제를 시행 중이다. 고객 접점 부서는 금요일 대신 여러 요일에 나눠 쉬는 방식으로 제도를 정착시켰다. 통상 근로시간 단축 제도를

도입한 기업들이 연차 소진과 연봉 조정 등 제한을
두는 반면, 휴넷은 조건 없이 온전한 주4일 근무제
를 운용 중이다.

실제로 휴넷이 주4일 근무제를 운용하면서 채용
면에서 눈에 띄는 변화를 경험했다. 입사 지원자가
이전과 비교해 10배 이상 늘어나면서 우수 인재 유
입이 확대했다. 반대로 직원 퇴사율은 절반 수준으
로 낮아졌다. 최근 직원들을 대상으로 실시한 조사
에서 무려 95.5%가 '주4일 근무제에 만족한다'라
고 응답했다.

조 대표는 "주4일 근무제는 직원들이 일에 관한 생
각과 업무 처리 방식을 바꾸는 계기가 됐다"라며
"직원들은 5일간 할 업무를 몰입해 4일 내 완수하
기 위해 노력했으며, 부족한 점은 개선하며 방법을
찾아갔다"라고 말했다. 이어 "주4일 근무제 등 복
리후생에 대한 높은 만족도가 직원들의 업무 몰입

성공을 부르는 CEO 이야기

과 책임감으로 이어지며 결국 회사 성장에도 기여하고 있다"라고 덧붙였다.

한편 그는 현재까지 △촌철활인(조영탁의 행복한 경영 이야기) △100억 연봉 CEO △당신의 팀은 괜찮습니까 △행복 컴퍼니 휴넷 스토리 등 30권 이상 저서를 출간했다.

1판 1쇄	**2024년 12월 20일**
지은이	**강경래**
펴낸곳	**도서출판 답**
기획	**손정욱**
마케팅	**이충우**
디자인	**구본희**
출판등록	**2010년 12월 8일 / 제 312-2010-000055호**
전화	**02. 324. 8220**
팩스	**02. 6944. 9077**
ISBN	**979-11-87229-84-1**

이 도서의 국립중앙도서관 출판예정도서목록(CIP)은
서지정보 유통지원시스템 홈페이지(http://seoji.nl. go.kr)과
국가자료 종합목록 시스템(http://www.nl.go.kr/kolisnet)에서 이용하실 수 있습니다.